Descubra sua essência espiritual

Iyanla Vanzant

Descubra sua essência espiritual

Como encontrar paz e equilíbrio para crescer e realizar-se plenamente

SEXTANTE

Título original: *Up From Here: Reclaiming the Male Spirit*

Publicado em acordo com a Harper San Francisco, uma divisão da HarperCollins Publishers, Inc.

tradução
Marilena Moraes

preparo de originais
Regina da Veiga Pereira

revisão
José Figueiredo
José Tedin
Sérgio Bellinello Soares
Tereza da Rocha

projeto gráfico e diagramação
Valéria Teixeira

capa
Miriam Lerner

pré-impressão
ô de casa

impressão e acabamento
Bartira Gráfica e Editora S/A.

CIP-BRASIL. CATALOGAÇÃO-NA-FONTE
SINDICATO NACIONAL DOS EDITORES DE LIVROS, RJ

V385d Vanzant, Iyanla
Descubra sua essência espiritual / Iyanla Vanzant; tradução de Marilena Morais. – Rio de Janeiro: Sextante, 2007.

Tradução de: Up from here
ISBN 978-85-7542-319-6

1. Espiritualidade. 2. Vida espiritual. 3. Conduta – Aspectos religiosos. I. Morais, Marilena. II. Título.

CDD 291.4
07-2274 CDU 291.4

GMT Editores Ltda.
Rua Voluntários da Pátria, 45 – Gr. 1.404 – Botafogo
22270-000 – Rio de Janeiro – RJ
Tel.: (21) 2286-9944 – Fax: (21) 2286-9244
E-mail: atendimento@esextante.com.br
www.sextante.com.br

Este livro é dedicado a Oluwalomoju Adeyemi Vanzant,
Adesola Lewis Vanzant e David Vanzant, meus netos;
Johnathan Harris, meu sobrinho;
e a todos os pais, irmãos, filhos e netos.

Que o poder e a força de sua verdadeira identidade os guiem através do desafio de serem humanos e despertem seus corações para as ilimitadas possibilidades de sua natureza espiritual.

Sumário

Introdução

Comecei a esboçar este livro numa manhã, indo para o trabalho. O pensamento me atingiu como um raio: "O Terror vai matar você!" Eu vinha pensando em um jovem conhecido que tinha sido assassinado, atingido à queima-roupa na cabeça por um conhecido. Alguém chamado "Terror". Com certeza, se você conhecesse alguém com esse nome, fugiria na direção contrária. Mas, se você fosse um rapaz que se sentisse bastante perdido, deslocado e sem esperança, é compreensível que desse espaço ao Terror. É até mesmo compreensível que o deixasse controlar sua vida. Apesar de todos os pedidos e conselhos, o jovem passou a conviver com o Terror. Logo o Terror controlava sua mente. O jovem deixava que o Terror o obrigasse a fazer coisas que ele sabia que não devia fazer. Ele queria tanto se integrar, ter seu espaço, ser e se sentir importante, que não conseguia ver que o Terror iria destruí-lo. É o que o Terror faz com a maioria dos homens. É comum os homens ficarem aterrorizados pela possibilidade de fracassar, de não conseguir atingir o padrão esperado. Ao reagirem a esse medo profundo, muitas vezes se castigam. E se deixam dominar. Com as mentes e os corações cheios de pavor, castigam as pessoas mais próximas. No caso do meu conhecido, o Terror tinha um rosto e duas pernas e fez mais do que castigar: roubou a vida do belo jovem que eu tinha visto crescer.

Pensando nele, naquele dia, percebi que tinha deixado inacabado um livro iniciado em 1993, cujo título era *The Spirit of a Man: A Vision of Transformation for Black Men and the Women Who Love Them* (O espírito de um homem: uma visão de transformação para homens negros e as mulheres que os amam). Escrevi o livro para dizer, de forma simples e clara, o que as pessoas tinham medo ou não eram capazes de dizer: *Homens, Deus ama vocês. Cada um de vocês, não por serem negros, brancos, asiáticos ou do gênero masculino. Ama vocês porque são feitos à Sua imagem e semelhança. Vocês são uma parte de Deus. É porque não compreendem isso que estão morrendo. Ao morrer, levam com vocês uma parte vital do amor e da beleza de Deus. Como agente de cura, não posso deixar de me ocupar desse assunto.*

Naquela manhã ensolarada percebi que tinha de continuar escrevendo para vocês – para *todos* os homens e para todas as mulheres das suas vidas, sejam elas mães, esposas, companheiras –, para que não continuem morrendo, não apenas nas guerras, mas internamente, em seu espírito. O mundo precisa da luz deles. O mundo precisa da vida que há neles. As mulheres e as crianças, também.

Em nossa cultura, ensina-se aos homens como viver – como ter, como conseguir coisas materiais e como fazer o que lhes dizem que um homem deve ser e fazer. O trabalho. A casa. A família. Sem esquecer o carro! Tudo o que se espera de um homem para que seja aceito e reconhecido.

Mas o que realmente significa ser homem? Para muitos, significa ser um líder rico e poderoso. Para outros, um bandido armado e desbocado. Mas, certamente, para a grande maioria, ser homem – ser macho – significa *ter* ou *fazer* determinadas coisas. Dificilmente alguém diria que o homem se define por *ser* alguma coisa. Normalmente, um homem é definido pelo que *faz*. Fazer é *físico*, é *ação*. *Ser*, por outro lado, é espiritual. É um movimento voltado para dentro, uma consciência da própria essência. Poucos homens aprendem e tomam contato com a essência espiritual de sua masculinidade.

Ninguém ensina aos homens que conheço como *serem* homens. Eles aprendem o que os homens *fazem*. Como neste mundo julgamos as pessoas pelas ações, muitas vezes ser é confundido com fazer. Assim, se não faz o suficiente, ou não faz da maneira certa, você é desvalorizado como pessoa. Quando isso acontece, quando você sente que ninguém o considera pelo que é, fica com raiva e medo, acaba agindo mal e perde sua âncora fundamental – sua identidade de amada criatura do Divino.

Ensinaram meu irmão a *fazer*. A competir. Tinha de andar ereto, correr, derrotar os competidores. Meu pai lhe ensinou tudo o que sabia a respeito de fazer e sempre achava que meu irmão não fazia o bastante. Minha avó defendia o neto. Meu pai retrucava: "Se dependesse de você, ele seria um maricas!"

Mais uma vez, aí está o conflito entre o ser e o fazer: os homens têm de *fazer* todo o possível para não *serem* maricas. Um maricas é um homem calmo, dócil, não competitivo, não agressivo – um homem com a masculinidade muito questionável.

No entanto, o espírito pode ser descrito da mesma maneira – uma essência não-física que representa (dentro de nós e à nossa volta) tudo o que Deus é. O espírito é calmo, não competitivo, não agressivo e invisível. Não tem gênero ou cor, não é homem ou mulher, branco ou negro.

Quando penso em meu irmão, em meu pai e em seus amigos, vejo que para eles ser homem não era apenas o que faziam; era também a postura e a maneira de se comportarem. Era uma demonstração física e externa de masculinidade. Nunca ouvi alguém dizer a meu irmão que ele *era* bom. Qualquer elogio se referia ao que *fazia*. Nunca ouvi alguém falar de sua missão, seus objetivos, sua conexão eterna com o Criador. O que lhe ensinaram foi arrogância. Ser indiferente. Não se importar com os outros.

Considerando essas expectativas e o que foi ensinado aos homens – e nós mulheres também somos responsáveis por isso –, considerando que eles são julgados pelo que *fazem* e não pelo que *são*, compreende-se que muitos tenham desenvolvido alguns hábitos realmente ruins. Nós, que os observamos lutarem com o que lhes ensinaram – apesar de não se darem conta –, sabemos como é difícil quebrar velhos hábitos (porque o mesmo acontece conosco, mulheres). Sabemos que muitos se consideram inferiores e esperam pouco de si ou dos outros. Sabemos que muitos ignoram completamente que há neles um espírito, e que este Espírito tem um propósito para a vida de cada um de nós. Sabemos que muitos reconhecem o papel do Espírito em suas vidas, mas não sabem como lidar com isso – especialmente porque estão ocupados em resolver todos os problemas que foram colocados em seus ombros. E nós, mulheres, somos muito diferentes?

Assim, nós que observamos a luta dos homens os encorajamos ou nos desesperamos, desanimadas, quando não conseguem realizar a tarefa, não conseguem obter as coisas pelas quais competem. Esquecemos que somos nós que não prestamos atenção ao que eles estão tentando dizer – ou pelo menos não estamos *ouvindo*. Observamos suas ações e o que fazem, mas não reconhecemos que eles foram ensinados a *fazer*, não a *ser*.

Como mulher e professora, tenho o dever de reconhecer o medo que os homens têm de falhar, porque seu valor foi medido por coisas externas. Devo reconhecer a raiva e olhar o que está por trás da hostilidade que se origina de tudo isso para ver quem eles são na realidade.

Também devo me responsabilizar pelo fato de que os homens refletem o que nós, as mulheres de suas vidas, somos. Muitas vezes o espírito deles reflete nossa raiva e nossa hostilidade. Quando mudarmos nossos pensamentos e sentimentos, eles também mudarão. A oração e o perdão são maneiras responsáveis de nós, mulheres, ajudarmos os homens que amamos a acharem suas almas. São passos necessários para criar o equilíbrio, a harmonia e a paz de que eles precisam para vencer os desafios das expectativas que colocamos em seus ombros.

Mas primeiro temos que ver claramente quais são essas expectativas. Uma das maneiras de me responsabilizar pela confusão em que estamos metidos – homens e mulheres – é esclarecer algumas situações. Este livro é minha tentativa de fazer isso. Vocês, homens e mulheres, poderão se reconhecer em algumas das histórias aqui contadas. Não são histórias simples, com finais felizes, mas histórias complicadas que refletem todas as exigências que um homem enfrenta ao tentar ser um homem "de verdade" neste mundo. Você vai ver, espero, que a raiva, a culpa, a vergonha e o medo que os homens – e as mulheres – sentem trazem em si as sementes de um poder pessoal e de uma liberdade impressionantes *se eles estiverem dispostos e prontos a realizar o trabalho a que essas poderosas emoções conduzem.*

Embora essas emoções chamadas de *negativas* ou *tóxicas* sejam as mais difíceis para um homem reconhecer, admitir e compreender, elas trazem toda a energia necessária para transformar uma vida baseada *no que você faz* em uma vida baseada *em quem você é.* Por mais difícil que seja, dou todo o meu apoio para que cada um olhe de frente essas emoções (e as repercussões em sua vida e em seus relacionamentos). Depois de reconhecer e identificar as emoções, pense e diga a si mesmo a verdade sobre seus sentimentos e sobre a maneira como eles se traduzem em ações. Então, pergunte-se por que teve medo de reconhecer essa determinada emoção. A resposta traz o entendimento necessário para transformar uma emoção negativa ou uma lembrança dolorosa em um impressionante controle interno e em poder pessoal.

O que espero é que você se reconheça nestas páginas e esteja disposto a admitir que seus sentimentos de frustração, raiva, vergonha e culpa são de tal maneira tóxicos que alteram sua capacidade de perceber a verdade. É difícil aceitar que sentimos medo, raiva e incerteza. Nosso ego resiste a essas coisas. Aprendemos que o medo é um sinal de fraqueza, e os homens não admitem qualquer tipo de fragilidade. Ameaçados pela fraqueza, é mais fácil transferir a culpa e lutar desafiadoramente. A mente diz *Se alguém bater em você, bata de volta*. Mas esse não é o caminho que leva ao poder real que está por baixo da raiva e do medo.

Seja você homem ou mulher, o processo de transformação é interno e espiritual. Se quer transformar sua vida, deve se dispor a explorar as profundezas do seu eu interior. Mudar é um trabalho feito no interior. Seu trabalho consiste em se preparar para fazer uma viagem pelas profundezas de sua emoção, porque essa compreensão é a chave para acessar seu poder e sua liberdade.

Depois de entender o que acontece no seu interior, você tem de se dispor a se livrar do que lhe faz mal. Neste livro, ofereço ferramentas de poder que serão de grande ajuda. A má notícia é que "lá dentro" muitas vezes é escuro. A maioria de nós tem medo do escuro, do que não vemos, mas podemos sentir em torno de nós. A boa notícia é que o poder nasce na escuridão.

Alguns de vocês vão dizer "Eu não sei o que fazer!". Foi para isso que escrevi este livro. Se está disposto a dar os passos necessários, você mudará sua vida, e ela se tornará profunda, rica e independente. Não tenha medo do escuro e das emoções desagradáveis que vão surgir, porque nelas está o segredo de sua transformação.

Você é capaz de controlar sua vida. Essa capacidade vem de sua conexão com o Criador. Ter o controle espiritual é ir tomando consciência dos próprios pensamentos, é ir se tornando conscientemente responsável pelas próprias ações e atento à conexão entre seus sentimentos e suas ações. O controle espiritual exige que você ouça o eu interior, os pensamentos e os sentimentos, para se guiar. Que seja capaz de reconhecer quando o ego, e não o Espírito, motiva suas ações. Quando você reconhecer que está conectado com a mente divina do Criador, e não com as expectativas irreais do seu grupo social, vai dominar a capacidade de ouvir sua voz interior. Com esse domínio, você se elevará para um patamar superior.

Deter o controle em qualquer área da vida – no esporte, nos negócios, no Espírito – exige uma disponibilidade para agir segundo certos princípios. No reino espiritual, ter controle significa pautar-se pela fé, acreditando no processo da ordem divina, sabendo que a busca da verdade através de boas ações irá aumentar seu bem-estar. Ter o controle espiritual significa ser capaz de controlar as exigências do eu físico, investindo no desenvolvimento do eu espiritual. Quando alcança este equilíbrio, você é inundado por um magnífico sentimento de liberdade.

Meu pai gritava com minha mãe, não para ofendê-la ou porque achasse que ela era surda. Às vezes gritava apenas porque tinha a impressão de estar perdendo o controle sobre ela e sobre o que ela fazia. Outras vezes gritava porque o ego dele, sua mente física, estava lhe fazendo mal.

Quando a mente física, e não a mente espiritual, controla o corpo, nos afastamos de Deus. Quando o ego perde o controle, ele provoca em seu corpo a necessidade de agir. Você será capaz de controlar sua vida quando perceber claramente o que motiva cada uma de suas ações. Só então pode fazer escolhas melhores.

A nossa tendência, quando nos sentimos mal, é desviar o olhar de nós mesmos e voltá-lo para os outros. Isso faz parte da natureza humana. Culpamos alguém e nos fazemos de vítimas. Se você não se dispuser a identificar suas emoções e a perceber que elas acarretam ações e fatos, não alcançará o controle (e o poder e a liberdade que vêm com ele).

Este livro vai lhe mostrar o retrato de sete homens. Olhe para cada um deles. Depois, olhe-se num espelho. Se a imagem refletida puder ser melhorada, use as ferramentas de transformação que se encontram aqui para identificar e recuperar seus sentimentos – os bons, os maus e os feios. Se a vida já maltratou você o suficiente, está na hora de mudar. Como a fênix, você pode renascer das cinzas do passado para recuperar sua verdadeira força e sua verdadeira identidade. É o que desejo a vocês, homens, e às mulheres que os amam.

Capítulo 1

Rumo a um patamar superior

Se você está lendo este livro, aposto que as coisas não estão indo muito bem na sua vida. Talvez você tenha problemas no emprego ou esteja desempregado. Talvez tenha dificuldades com alguém da família, sua mãe, um filho – ou talvez com a mulher que está (ou não) na sua vida. Talvez você experimente um sentimento de impotência ou não goste da imagem que vê no espelho. Não sei o que é, mas *sei* o seguinte: este livro está aqui para lhe dar coragem, disposição e as ferramentas para conduzir e mudar essas coisas que o puxam para baixo, que deixam você deprimido e amargurado, que impedem a realização do seu potencial. Este livro pode ajudá-lo a se transformar na pessoa divina que você está destinado a ser!

Posso dizer com segurança duas coisas que tornarão essas mudanças mais fáceis. Primeiro, se você se reconhecer nas páginas do livro (vendo coisas a seu respeito que não conta nem para o seu melhor amigo), não precisa dizer isso para ninguém. Em segundo lugar, se não se reconhecer neste livro, talvez reconheça nos personagens das histórias *outra* pessoa – um amigo, um irmão, um filho – e aprenda com ela.

Eis o que desejo para você: que seja capaz de ver que o lugar onde se encontra agora, por mais escuro que seja, tem um propósito – um sentido. É o ponto de partida, porque, afinal, todas as jornadas rumo ao bem-estar e à plenitude precisam começar de algum lugar. Quando se está embaixo, só há uma direção a seguir – para o alto. Juntos poderemos chegar a um patamar superior.

Ir da escuridão para a luz é um processo muito pessoal. Acontece entre você e o seu eu, na privacidade da sua mente e do seu coração. A única prova de que você leu este livro serão as coisas que começarão a acontecer na sua vida quando puser em prática os princípios que vou lhe ensinar. As pessoas dirão: "O que está acontecendo? Você está fazendo *alguma coisa* diferente!" Este livro ensina a olhar os lugares secretos, silenciosos, machucados e doloridos dentro de você. Se está pronto para reconhecer, aceitar e assumir esses lugares, você pode se curar.

Para se curar é preciso aplicar amor nos lugares feridos, os lugares onde há ignorância ou escuridão. Todos nós, seres humanos, temos em nós lugares escuros que foram maltratados, machucados, ofendidos, ultrajados até quase o limite. São lugares que precisam de muito, muito amor. Quando recebem amor – quando aprendemos a aplicar nesses lugares o poder e a força do nosso próprio amor –, a cura acontece.

É importante saber que o fato de haver em você um lado escuro ou ferido não significa que há algo *errado*. Significa apenas que você viveu o que precisava viver, aprendeu suas lições, levou sua vida – de acordo com o plano divino. Mas chega o dia da formatura e você tem de ir adiante, progredir, elevar-se ou ser promovido ao grau seguinte. Esse movimento exige que se ilumine a escuridão, que se trate da ferida, que se cuide das fissuras – isso é a cura.

O amor não é *o que fazemos*, o amor é *quem somos* e *o que somos*. Nossas lições, testes e experiências são todos designados pelo Divino para nos levar a esse lugar em nós mesmos, onde só existe amor.

O objetivo deste livro é encorajar, ajudar e apoiar você para reconhecer os lugares escuros, feridos e maltratados que existem no seu interior, e lhe dar as ferramentas, as informações e a coragem de que precisa para levar até lá a luz curativa, o equilíbrio e a paz.

Recuperando o espírito masculino

Não sou responsável pelo meu irmão; *sou* meu irmão. E se *eu* preciso de cura, meus irmãos também precisam. Em todos os lugares, vemos que as coisas e as pessoas estão mudando e nossa abordagem em relação à vida também. Isso não quer dizer que devemos nos livrar do que temos e de quem nos tornamos. Mas certamente precisamos abordar nossa vida de forma diferente. Os índios americanos falam que é necessário caminhar gentilmente através da vida. Nós, a raça humana, não temos caminhado dessa maneira. Temos caminhado de forma abrupta, e temos sido bruscos uns com os outros. Temos ferido *a nós mesmos.*

É preciso coragem para se examinar de fato e determinar o que está acontecendo na sua vida. Só depois de fazer isso você descobrirá o que se encontra por trás de suas emoções intocadas e reconhecerá o dano que elas causaram a você e aos outros. A minha intenção é lembrar o que já existe no seu interior: você já tem a bondade inata do Espírito dentro de você. Quero mostrar que essa bondade foi escondida, encoberta, destruída e pisoteada. Rezo para que vocês – homens e mulheres – sejam capazes de reconhecer que foram responsáveis por boa parte disso, porque só assim poderão fazer escolhas melhores no futuro.

Com base na minha experiência, acredito que com muita freqüência os homens vêem a vida por uma ótica brutal e aterrorizante. Tenho consciência de que esta visão freqüentemente tem origem na brutalidade de suas experiências pessoais e na dificuldade de suas relações familiares. Se crescemos sentindo dor, agimos ou reagimos a partir de um lugar ferido, com uma visão deturpada, maltratada. Se na infância ficamos sozinhos com nossos pensamentos, *sem nenhum adulto* que cuidasse de nós e nos compreendesse, surgiram em nós coisas aterrorizantes.

O Terror por si só já seria bastante nocivo, mas geralmente ele também faz com que não avaliemos nossas crenças e expectativas em relação ao que somos e a quem podemos nos tornar. Essas crenças, que nos limitam e limitam nossas vidas, atrapalham nosso modo de olhar as pessoas e o mundo. Quando nos lembrarmos de quem somos – criaturas divinas com espíritos poderosos! –, quando nos lembrarmos por que estamos aqui – para alcançar nosso lugar único neste planeta – e quando percebermos como nos desviamos do caminho, então poderemos descobrir como voltar a ele. É a isso que me refiro quando falo em recuperar o espírito masculino. Mas vale também para as mulheres.

Entendendo como as emoções nos transformam

Emoção é a energia que nos move. A própria palavra já contém *moção,* movimento. O investimento que você faz no seu eu emocional determina *se* você se movimenta, *quando* e *por quê.*

Às vezes nossas emoções se desenvolvem de modo nocivo. Ninguém acorda um dia e diz "Vou me maltratar, baixar minha auto-estima e me humilhar". Aprendemos a fazer isso com o que vemos, experimentamos e percebemos no correr da vida. Essas coisas se incorporam a nós e se tornam nossa programação. Basta apertar um botão, e a função acontece automaticamente. São nossas emoções que fornecem a energia que movimenta esses programas!

A maioria das coisas que fazemos e que nos magoam é feita sem pensar. Com o tempo elas se tornam um hábito. Mentimos quando temos medo, por exemplo. Atacamos quando sentimos que estamos errados. Fugimos quando nos sentimos sobrecarregados, e nos escondemos quando nos sentimos incompetentes. Esperamos a aprovação dos outros quando não desenvolvemos nossa segurança interior. Aqueles que nos criaram, nos amaram, guiaram e educaram fizeram o que podiam e o que sabiam. O que não percebemos é que eles também tinham uma programação. Não foi possível observar essas pessoas e desejar não ser como elas, porque poucos de nós fomos ensinados a *ser*. Só sabemos como *fazer*.

Agora, se quisermos mudar nossas vidas para melhor, temos de reescrever os programas que a dor e o medo nos ensinaram. Precisamos criar e executar, em nossas mentes, vidas e relacionamentos, programas mais realistas, mais centrados no Espírito. As chaves para escrever esses novos programas se encontram trancadas nas emoções que nunca nos ensinaram como expressar.

Caminhando pela vida com suavidade

Se seu comportamento não o leva ao que deseja, é necessário olhar o que você faz para tentar conseguir as coisas. Freqüentemente exigimos, damos ordens, ditamos regras. Falamos asperamente. Desistimos quando nos frustramos. Agimos duramente, mesmo quando teríamos preferido agir de outro modo.

A alternativa – caminhar gentilmente através da vida – não foi bem recebida entre os homens. Mas uma abordagem mais suave não significa fraqueza. Significa ter controle sobre si mesmo e usar as emoções para o próprio bem e para o dos outros. Caminhar gentilmente na vida significa ter consciência de que somos tão divinos que tudo o que fazemos atinge os outros. A partir dessa consciência, devemos agir com amor, compaixão e consciência.

Se sua programação e seu estilo de vida o prejudicam porque as pessoas que o criaram, guiaram e educaram agiram de maneira brusca e pouco gentil, você foi afetado pelo que fizeram. Da mesma forma, o que você faz e a maneira como faz afetam as pessoas e as coisas que o cercam.

Não é possível desfazer quem você é, o que lhe aconteceu e o que você fez. Mas é possível *transformar*. Você não pode voltar atrás para desfazer, pode apenas começar de onde está. Você pode aprender a viver melhor. Você *pode* ser transformado.

Verdade e transformação

Neste livro, você vai ler algumas histórias. Umas parecerão familiares. Outras vão fazer você se lembrar de pessoas conhecidas. O que as histórias mostrarão é como escondemos as verdades essenciais de nossas vidas e do nosso eu. Se desejamos que as coisas melhorem, precisamos chegar a essas verdades essenciais. Também precisamos do que chamo de ferramentas de poder para mudar – e este livro vai lhe dar isso.

As histórias aqui apresentadas vão ajudar você a reconhecer seu próprio comportamento ou o de seus conhecidos. Elas vão fazê-lo acreditar em quem você é, vão ajudá-lo a perdoar a si mesmo e aos outros, deixando para trás a dor. Você vai descobrir profundamente que é um ser humano essencial.

A maioria das pessoas não se acha importante. Você talvez não se ache importante. Mas você *é!* Na verdade, você é divino, e o que faz é importante! Mesmo se for uma coisa aparentemente insignificante, como dar passagem a outro carro em um cruzamento. Ou segurar a porta para alguém, mesmo estando atrasado. Ou reclamar de forma cordial e respeitosa, para seu filho aprender a ser gentil.

A transformação acontece quando você percebe como é importante, quando começa a realmente *acreditar* na sua importância. Mesmo que não seja uma pessoa rica ou famosa. Mesmo que seu trabalho seja humilde e você more de aluguel. O que você faz tem importância, e o que acontece com você também. Depois da transformação, você passa a agir de forma diferente, porque agora sabe que é importante.

Neste livro estão os planos de transformação que podem levar você a uma mudança de vida. Esses planos vão desafiar as pessoas que buscam resultados imediatos, porque são baseados em um *processo* de mudança. É muito comum querermos ir diretamente do ponto A ao B. Na maioria das vezes isso não funciona. Freqüentemente mentimos sobre os resultados, dizendo que chegamos ao ponto B quando ainda estamos a quilômetros de distância.

Digamos que você está casado pela quarta vez com uma mulher 10 anos mais jovem que faz todas as suas vontades. Você finalmente chegou a um lugar ideal ou apenas *parece* que chegou? Aprendeu com o passado ou sua raiva apavora de tal forma a sua mulher, que ela é submissa para evitar problemas? A dedicação de sua mulher pode impressionar os outros, mas só vocês dois sabem a verdade. Se seu problema é ligado à raiva, vai ter de mergulhar nessa emoção e usá-la para se transformar e transformar a sua vida. Faça isso agora, antes que a submissa quarta esposa vá embora!

A mudança verdadeira vai acontecer quando você puder dizer a verdade calmamente a si mesmo, sentindo que ela serve para encorajar, apoiar e ajudá-lo a tornar-se melhor. O objetivo da verdade não é envergonhar, culpar ou acusar. As ferramentas de poder de que falei trabalham em conjunto com ela. Disposição, consciência, reconhecimento, confissão, aceitação, rendição, perdão, compreensão, compromisso, responsabilidade, exatidão e quietude ajudam a revelar a verdade e a curar as feridas.

Dizer a verdade – sobre o que sente, sobre sua participação no que está acontecendo em sua vida, sobre o papel que desempenhou nos seus sucessos e fracassos – vai libertar você. Dizer a verdade não é se culpar ou se fazer de vítima. Olhar com compaixão para si mesmo é admitir honestamente: "Pensei que devia agir assim, e o resultado foi este. Vejo agora que podia ter feito melhor, mas, na época, agi da melhor maneira que pude, achando que estava certo."

Reconhecendo a verdade das diferentes situações da sua vida, você começa a eliminar as justificativas que entravam o caminho de sua liberdade e do verdadeiro poder. Você passa a ser capaz de se responsabilizar por seus sentimentos, examinar suas escolhas e sair da posição em que está – que pode parecer boa, mas que, de alguma forma, afasta você de seu poder verdadeiro.

A promessa do processo

Ao final de cada história deste livro estão as etapas do processo que vai mostrar como você pode transformar as emoções de derrota, dor e raiva em ferramentas de poder e capacidade a serem utilizadas na sua vida. Posso prometer que, se você mantiver a mente aberta, absorvendo a verdade das histórias, sua vida vai mudar:

1. *Você vai começar a sentir que merece sua própria atenção, seu tempo e sua energia.* É libertador sentir que você tem tanto direito ao seu tempo, à sua atenção e à sua energia quanto sua mãe, seus filhos, sua mulher e seu trabalho.

2. *Você vai sentir uma profunda comunhão interna de seu corpo e de sua mente à medida que as coisas começarem a acontecer dentro de você.* Não posso prever exatamente o que vai acontecer, mas sei que você vai sentir uma enorme energia, porque curar a nossa dor é mais difícil do que escondê-la. Pense num garoto de 16 anos que está machucado e quer esconder a dor. Imagine o esforço que ele faz e a energia que ele gasta para fingir que está bem.

3. *Quando você começar a se ver e a se tratar de forma diferente, tudo e todos à sua volta irão mudar.* Em resposta às suas mudanças, as pessoas também vão mudar e passarão a vê-lo e tratá-lo de forma diferente. Como resultado, você vai achar que as coisas que costumava exigir e pelas quais brigava chegam até você sem problemas. Porque, quando você entra em sintonia com a verdade do seu eu interior, não tem de se esforçar tanto para conseguir o que quer.

4. *Depois de entrar em sintonia, sabendo quem você é, tendo melhorado através da prática, você ganhará uma autoconfiança inabalável.* Michael Jordan sabia, desde criança, que era um jogador de basquete. Sabia que se praticasse, descansasse, se alimentasse saudavelmente e se apoiasse na oração seria capaz de jogar bem. É claro que teve de trabalhar para isso, mas ele não tinha qualquer dúvida quanto à própria capacidade.

   Nem todos têm consciência do próprio valor. Para ter confiança em si é necessário que seu coração esteja envolvido e empenhado em servi-lo. Se o seu principal interesse forem os ternos bonitos e ganhar dinheiro – o que é externo –, você não chegará longe. Eu cursei a faculdade de Direito achando que o título me daria uma imagem de poder. Durante os anos em que advoguei, mesmo quando ganhava uma causa, não tinha certeza de que era uma boa profissional. Eu não estava vivendo a verdade do meu ser.

5. *O processo de transformação vai lhe trazer alívio; vai torná-lo capaz de manter-se autêntico e de viver a verdade do seu eu.* Não precisará mais fingir ser quem não é. Isso acontecerá em todos os níveis do seu eu – o físico, o mental e o emocional.

Esses são os níveis sobre os quais temos controle. Mas a verdade do nosso ser se encontra em outro nível: o espiritual. Quando nos alinhamos com este nível, deixamos de ser influenciados pelo comportamento que vem do medo, da raiva, da vergonha e da culpa – que são emoções poderosas – e passamos a ser inundados por um grande alívio que nos chega através dos níveis físico, mental e emocional.

6. *Finalmente, você terá a sensação de poder e liberdade verdadeiros para ser o que é e quem deve ser.* Você vai ser capaz de abandonar seus hábitos antigos e destrutivos para tornar-se uma pessoa íntegra.

Para a transformação, nós nos concentramos nas emoções, e não no pensamento, porque são as emoções que criam movimento em nosso corpo. Você pode *pensar* "Sou forte e poderoso", mas, se *sente* medo, é este medo que vai determinar seu movimento ou sua paralisia.

Um amigo meu, forte e musculoso, uma vez bateu na minha cabeça com um livro pesado porque estava com medo da abelha que tinha pousado em mim! É um rapaz muito inteligente que certamente sabe que não se deve bater na cabeça de alguém. Mas não era sua mente que estava no controle; eram seus sentimentos. A emoção de medo, acionada pela abelha, o impediu de pensar. Nossas emoções nos cegam deste modo, com muita freqüência.

Mas as emoções também são a energia que nos *movimenta*. Elas – *não* nossos pensamentos – são a chave para nossa transformação. Podemos repetir afirmações positivas até cansar. Elas não vão nos transformar. Se não acreditamos profundamente, se não *sentimos* no íntimo de nosso ser que somos capazes de fazer uma coisa determinada, não faremos. Ou seja, não podemos ter sucesso apenas com nossas cabeças. O sucesso só acontece por meio dos sentimentos.

Este livro exige que você olhe suas ações e sua vida de maneira honesta e minuciosa. As manifestações externas são reflexo de sua realidade interna. Como o renascimento acontece de dentro para fora, se você quer mudar, tem de olhar para o que aparece no lado externo e levar isso para dentro. Também vai mostrar como transformar sua vida com a energia de suas emoções, permitindo que recupere sua verdade, seu propósito e seu lugar no universo.

Capítulo 2

Roy
Falando sem medo

Vou contar a história de Roy. Como ele cresceu sob a influência de um pai muito autoritário, o exemplo que recebeu foi: consegue o que quer quem fala aos gritos e ameaça bastante. Na família, só o pai podia gritar. O resultado foi que a voz de Roy se apagou: ele jamais foi capaz de se expressar.

Roy se sentiu perdido durante a adolescência e como jovem adulto. Aos 19 anos, esperava-se que fosse à luta, ganhando dinheiro e cuidando de si. Ele ia bem, mas aos vinte e poucos anos ainda estava sem rumo, pulando de um emprego para outro, de uma namorada para outra. Começava em cada novo emprego cheio de idéias, tentando achar sua voz, sua identidade. Mas, como não tinha um modelo positivo, sua identidade jamais tomou forma.

Ter modelos é muito importante para homens e mulheres. Ambos aprendem fazendo, mas acho que os homens observam os modelos com mais atenção, porque as coisas que lhes dão identidade são muito mais sutis. O que as mulheres fazem aparece mais – cozinham, limpam, têm filhos. Mas o que dá identidade a um homem?

Roy não conseguia encontrar sua voz porque a única voz masculina mais próxima era um grito. Quando alguém grita, gritamos de volta ou nos calamos. Ele não podia gritar no trabalho, onde o direito de gritar era sempre de alguém em posição superior. E com as mulheres? Nem pensar. Ele tinha conhecido tantas que nem se lembrava mais dos nomes. Depois de um ou dois encontros civilizados, começava a elevar a voz e a bater o pé. Mais cedo ou mais tarde, elas desistiam. Seu único exemplo de comportamento vinha do pai, que intimidava e ameaçava a mãe. O pai de Roy não *ouvia* as mulheres; mandava nelas.

Agora, Roy, aos 24 anos, vive com uma namorada. Têm um bebê que ele adora. Roy trabalha para uma empresa de aparelhos eletrônicos e está bastante satisfeito com o emprego. Começou no almoxarifado e foi promovido a gerente de uma área. O gerente da loja, apenas dois anos mais velho do que ele, é muito ambicioso. Tem idéias próprias sobre tudo e não hesita em dizer a Roy o que fazer e como. Roy nem sempre concorda com o gerente, mas não sabe bem como expressar isso.

Roy gosta do emprego, mas se preocupa porque não se considera capaz como os colegas, que parecem tranqüilos e confiantes. Conseguem vender os produtos caros, enquanto Roy perde tempo com ninharias. Parecem lidar melhor com o gerente autoritário. O gerente é desagradável com Roy – ou é o que ele sente.

Em vez de seguir o exemplo de algum colega que admire, Roy se consola com uma garrafa de álcool. Beber acalma a dor. A dor do medo de não fazer as coisas certas e então ouvir gritos. A dor do medo de alguém reconhecer sua dor e rir dele. Ou a pior dor de todas – não saber o que e como fazer e não ter voz para perguntar.

Quando Roy bebe, perde o medo e diz exatamente o que sente. A bebida lhe dá coragem. Embora não admita sua dependência do álcool, no fundo ele a reconhece. Sempre que pretende marcar sua presença no trabalho – tentando dar algo de si, fazendo do seu modo –, é obrigado a desfazer e refazer, conforme a vontade do gerente. O álcool é seu único consolo.

Um dia aconteceu um acidente na área de Roy. Milhares de

dólares em equipamento se perderam e duas pessoas foram hospitalizadas. O gerente da loja pediu um exame de urina de Roy, para verificar se estava com a percepção diminuída na hora do acidente. Roy se recusou a fazer o exame porque andava bebendo cerveja e fumando maconha.

Ou Roy se submetia ao teste – o que, na sua cabeça, significava ser apanhado e perder o emprego – ou ia embora de forma arrogante e raivosa. Ele escolheu demitir-se, apesar de o gerente de recursos humanos ter lhe oferecido um programa de reabilitação ao invés da demissão, caso o teste revelasse problemas.

Mas Roy não saiu de maneira tranqüila. Estava extremamente zangado pelo fato de duvidarem dele e ainda mais por pensar que alguém poderia descobrir que ele fumava maconha e que era inferior aos demais, que não foram submetidos ao teste. Assim, antes de sair, Roy disse aos colegas exatamente o que pensava de cada um.

Em casa, Roy viu que não tinha qualquer chance de futuro na empresa. Pensou que talvez pudesse ter engolido o orgulho e lidado racionalmente com a situação. Mas logo deixou de lado esse pensamento. Afinal, ele não era melhor do que aquele gerente? O acidente não fora causado pelo gerente, ao decidir fazer as coisas de outro jeito? Babacas! Quem precisava deles?

Falando com o homem no espelho

Quando você não consegue dizer o que pensa, o que lhe vai no coração, ninguém consegue ver quem você é ou lhe dar o devido valor. Esse é o problema de Roy. Como cresceu totalmente dominado pelo pai, agora só vê dois modos de lidar com as pessoas que têm poder sobre ele: ou luta (o que sabe que não vai funcionar, porque nunca funcionou com o pai) ou se autodestrói, implodindo em silêncio e aplacando a dor com álcool e fumo. Como não conseguiu enfrentar o gerente, Roy saiu do emprego. Como não possui um mecanismo para lidar com superiores, evita essas situações.

Quando é questionado por uma figura de autoridade, a experiência aciona a raiva armazenada nele desde a infância. Roy também não suporta uma pressão direta; quando sente seu espaço ou seu poder pessoal ameaçados, a raiva toma conta dele. Mas, ao tentar não aparentar agressividade, sua raiva se manifesta pela arrogância. Para evitar essa situação, Roy prefere não responder às pessoas. Na sua cabeça, isso basta.

Embora autodestrutiva, a resposta de Roy aos questionamentos tem raízes bem reais de sobrevivência. Em criança, não podia ir embora, e foi atacado pelo pai com palavras e até fisicamente. Aprendeu bem a lição, desenvolvendo uma atitude arrogante para preservar alguma dignidade. Mas agora, apesar de o pai não representar mais um perigo, a atitude de Roy – "Ninguém vai me bater na cara" – teve conseqüências. Ele perdeu o emprego e as perspectivas de futuro.

Pior ainda, perdeu a namorada e o filho. Quando chegou em casa, arrasado, a moça perguntou se ele estava chapado. "Chapado?", Roy gritou, com raiva. De que lado estava aquela vaca mal-agradecida? Ele não tinha dito que o gerente o perseguia? E ela agora estava duvidando dele?

Olhando para os olhos vidrados de Roy, ela soube tudo o que precisava saber. Era a terceira vez, no pouco tempo em que se conheciam, que ele chegava em casa sem emprego, drogado e gritando. Bastava. Não quis suportar os xingamentos que viriam em seguida e foi para o quarto arrumar as coisas.

Mas Roy achava que a vítima era ele. Não conseguia ouvir o que a namorada falava, porque só escutava seus gritos. Quando ela disse que ia embora, ele a mandou para o inferno, mesmo se sentindo muito mal. Mas olhar para o rosto zangado da namorada lhe deu forças. Quem precisava dela? Se manda!

A arrogância de Roy lhe custou caro. Ele ficou sentado na

cozinha, com um cigarro na mão trêmula, enquanto a única pessoa que realmente amava – o filho – era levada para o carro da irmã da namorada. Ele sequer se deu ao trabalho de ir até a porta beijar a criança, porque usou a arrogância para mascarar o medo.

Que droga! Ele não conseguira lidar com a pressão do gerente e largara o emprego. Agora se dava conta de que não tinha sido uma boa idéia. Doeu demais ficar sem o trabalho e sem a família.

Há também os efeitos colaterais sérios. Embora talvez Roy não tenha consciência, ficar desempregado faz com que duvide de si mesmo, de sua capacidade, de seu direito de existir. Sente o mesmo que sentia quando criança depois de uma bronca, merecida ou não: há alguma coisa errada com ele.

A experiência da infância custou a Roy sua identidade, seu sentido de poder e dignidade. Tudo isso fez com que a raiva o dominasse em muitas ocasiões, e agora essa raiva lhe tirara as coisas mais caras.

Neste exato momento, Roy está completamente descontrolado. Suas emoções o controlam, e se ele quiser tomar as rédeas de sua vida terá de descobrir o que acontece no seu interior. Mas essa descoberta fica difícil quando se está sob o domínio de emoções intensas, apesar de essas emoções fazerem o que podem para ajudar.

Emoções provocam comportamentos como se fossem sintomas, e Roy apresenta vários deles. Se pudesse percebê-los, chegaria até onde precisa ir para transformar o negativo em positivo. Veria que sua raiva não é propriamente má; que, em muitas situações, pode ser adequada. Além disso, ela tem o poder de fazer Roy movimentar-se emocionalmente.

Há um número de sintomas-chave da raiva. As pessoas dominadas pela raiva fazem (ou sentem) o seguinte:

- exigem que as coisas sejam como elas querem;
- tentam controlar tudo e todos à sua volta;

- têm pouca tolerância com idéias, sugestões e pontos de vista alheios;
- reagem exageradamente, porque a ameaça é desproporcional ao que a situação exige;
- sentem fisicamente uma energia que vem de suas entranhas.

Roy certamente teria reconhecido esses comportamentos no pai, mas seu futuro depende de ele ser capaz de vê-los em si mesmo. Ele precisa reconhecer que, apesar de adulto, está reagindo ao mundo exatamente como fazia quando criança – e o resultado é espumar de raiva.

Quando criança, Roy não desafiaria o pai ou outros responsáveis. Não diria o que pensava ou usaria palavras para se defender. Mas agora ele está sentindo em sua própria vida exatamente as coisas que sofreu na infância. Se não está silenciando os outros, como o pai fazia, está silenciando a si mesmo! Se não tiver alguns amigos muito especiais, não haverá provavelmente ninguém em sua vida adulta disposto a desafiá-lo – disposto a dizer "Você está extrapolando", quando ele se torna agressivo demais, ou "Você está sendo covarde", quando ele se cala sem razão.

Mas, mesmo sem ter essa visão, no fundo ele sabe. Por isso tem de dizer a verdade agora. Ele sabe quando perturba quem está por perto e sabe quando faz calar as pessoas que não concordam com ele. Sabe quando está sendo grosseiro e sabe quando humilha. Ah, sabe muito bem.

Roy precisa ver claramente o que está acontecendo e se apossar de seus sentimentos e ações, se tem alguma esperança de mudar de vida. Precisa ter consciência de que o que parece raiva justificável e arrogância é, na verdade, medo. Tem de dizer a verdade sobre o que sente e descobrir um modo de expressar os sentimentos de maneira honesta e construtiva.

Roy tem medo e está com raiva. Mas o que deveria fazer com esses sentimentos? Sentir um pouco de medo e um pouco de raiva é perfeitamente razoável. Quando Roy sentiu essas emoções pela primeira vez, elas eram apropriadas: estava *com raiva* do pai e tinha *medo* de expressá-la porque poderia se machucar. Mas, como Roy não ultrapassou este ponto, suas emoções deixaram de ser razoáveis e apropriadas. É preciso que ele veja que a raiz de sua raiva contra o chefe é a raiva contra o pai.

Essa raiva o corrói há duas décadas. Mas como reconhecer ou – pior ainda – expressar a raiva contra o pai que o alimentou e vestiu na infância? O pai que deveria amá-lo, a pessoa de quem ele dependia para sobreviver? A pessoa que, mesmo agora, era para Roy um modelo de comportamento e masculinidade? Como se opor a tudo isso?

A raiva pode paralisar Roy ou lhe dar força. Se é forte demais, vai isolá-lo e talvez, por causa de sua história, deixá-lo deprimido. Mas, se ele está disposto a lidar com o problema, apesar da força da raiva, tem nas mãos as sementes da própria transformação.

Quando Roy se olha no espelho, ele não sabe como vai transformar o homem que de repente deu adeus ao seu futuro, que ainda bebe e fuma maconha, no homem capaz de empreender o processo de transformação.

A resposta é simples, embora não seja fácil: Roy vai atingir sua transformação através de um processo de cura que pode ser aplicado a todos os homens e mulheres, em todas as situações. É um processo baseado nos princípios de poder que são ferramentas básicas para toda transformação pessoal.

Uma caixa de ferramentas espirituais: usando as ferramentas de poder

Ensina-se aos homens que não é "másculo" ter medo e demonstrar fraqueza ou emoção. Mas, quando certas emoções não são expressas, elas podem enfraquecer nosso eu físico. Vulnerabilidade, medo, culpa, vergonha, ressentimento, raiva são sentimentos que enfraquecem nossa capacidade de perceber as circunstâncias à nossa volta, de fazer escolhas conscientes e de reagir.

Se você é como a maioria dos homens, quando certas emoções surgem, você as nega até para si mesmo, pois foi assim que lhe ensinaram. Se teve um dia difícil no trabalho, se desentendeu com um colega, um cliente fez uma queixa a seu respeito, o chefe reclamou da sua produtividade – apesar de ficar com raiva, você não reconhece suas emoções e não lida com elas. Vai para casa e briga com a mulher e os filhos, xinga os idiotas do mundo. Resumindo, você segue sua natureza masculina e explode, culpando os outros pelo que "lhe fizeram", vendo-os como a causa de tudo o que lhe aconteceu. Como é da natureza masculina *externar* a atividade e a energia, os homens acham estranho olhar para dentro de si mesmos.

Só quando se dispuser a admitir a existência de seus sentimentos e o seu direito de experimentá-los, você será capaz de escolher o que fazer. As emoções são resultado das experiências. As experiências são temporárias: não podem mudar e não mudam quem e o que você é no fundo do seu eu. O mesmo acontece com as emoções. Você precisa sentir as emoções, reagir a elas e então seguir adiante.

Roy será capaz de fazer isso? Só o tempo dirá. A agressividade que externou está fazendo hora extra nesses dias, maltratando os que estão a seu lado, voltando-se contra ele. No entanto, há um lugar para colocar essa agressão, um uso para essa energia, mas é preciso que Roy tenha nas mãos as ferramentas de poder, disposição, consciência, reconhecimento, aceitação, confissão, rendição, perdão, compreensão, compromisso, responsabilidade, exatidão e quietude.

Disposição

Nenhuma quantidade de informação sobre auto-ajuda pode auxiliá-lo se você não estiver pronto a receber e a aplicar essa ajuda no seu dia-a-dia. Estou falando da disposição de aceitar a informação e de adotar práticas que levem à transformação espiritual e pessoal.

Quando disse a um amigo que estava escrevendo um livro para ajudar os homens a se tornarem capazes de transformar emoções em força, ele disse: "Ótimo! Você está preparando o almoço!" Ri com a resposta e perguntei o que queria dizer. Ele me explicou que oferecer o processo e a maneira de utilizá-lo era como fazer o almoço para um homem que está indo trabalhar. Se o homem não estiver a fim de ir para o trabalho, não há necessidade de preparar o almoço.

Foi uma boa advertência. A transformação da mente é bastante trabalhosa e exige disposição. Os homens têm que se dispor a olhar para si mesmos, dizer a verdade sobre o que vêem, tomar a decisão consciente de mudar e se comprometer a realizar as ações que vão possibilitar a mudança.

Algumas pessoas talvez pensem: "Mas eu não sei o que fazer!" É onde entra o processo deste livro. Basta estar disposto a utilizá-lo em todos os aspectos de sua vida. Vai funcionar.

A disposição tem três componentes primários:

- Reconhecimento da necessidade de mudar;
- Desejo de iniciar a mudança;
- Disciplina suficiente para manter a mudança.

Reconhecimento da necessidade de mudar. Se você vai iniciar o processo de transformação, deve primeiro reconhecer a necessidade de mudar. Isso não significa que exista alguma coisa muito errada na sua maneira de ser, apenas que você está disposto a melhorar cada vez mais em tudo o que faz.

Desejo de iniciar a mudança. A disposição também inclui o desejo. Você pode *saber* que é capaz de melhorar, mas falta o desejo. Talvez esteja acomodado no lugar em que se encontra.

Talvez esteja convencido de que está bom assim. Nesse caso, o processo de mudança jamais decolará. Mas, se existe o desejo, você está pronto para tomar a decisão de mudar de vida. Você deseja conscientemente iniciar uma ação que irá promover uma evolução mental, emocional e espiritual? Deseja ter, como prioridade na vida, saúde espiritual, bem-estar emocional e físico? Deseja que isso aconteça *agora?*

Disciplina suficiente para manter a mudança. Se decidir iniciar a mudança pessoal, vai precisar de muitíssima disciplina. *Eu* precisei. Na verdade, um dos principais desafios que enfrentei na minha jornada espiritual foi disciplina. Fui desafiada a persistir num novo modo de fazer as coisas – oração, meditação, leitura ou treinamento da mente – mesmo quando não podia ver os resultados de imediato. Persistir na disciplina foi bem difícil.

Eu estava disposta, sim, mas era bastante indisciplinada. Parecia muito mais fácil ir lutando, viver no limite e apagar incêndios à medida que surgiam do que ficar 15 minutos por dia em tranqüila contemplação. Somente quando meu desejo de mudar e minha decisão de trabalhar neste sentido se juntaram à disciplina foi que me tornei conscientemente disposta a fazer o que fosse necessário.

Quando me tornei disposta e disciplinada o suficiente para manter minha decisão, colhi benefícios da prática diária, usando todas as ferramentas de poder descritas neste livro. Constatei, com a maior clareza, que a capacidade de produzir o que se deseja é uma conseqüência direta do grau de disciplina que se usa. Constatei isso através de resultados bem concretos. Por isso, você precisa se dispor a praticar, *usando* as ferramentas de poder. Tem de acreditar que elas vão trabalhar para você. Deve empregar as ferramentas com toda a sua energia e com toda a sua alma.

Vamos voltar a Roy para ver como ele está em relação à ferramenta da disposição. É certo que ele ainda não tem essa ferramenta em seu arsenal. E não pode se dispor enquanto não se permitir *sentir* raiva. Isso significa suplantar o medo do que a sua raiva pode fazer. Ele tem de ver que a raiva é uma faca de dois gumes, capaz de produzir o bem e o mal.

Durante toda a vida, Roy ouviu que a raiva é ruim. Não se pode ter raiva do papai. Nem da mamãe. Não se pode ter raiva das pessoas de quem você depende, apesar de elas terem passado metade do tempo brigando com você! *Não faça isso, não responda. Não me olhe. Não me desafie. Não me questione.*

Para Roy, é difícil estar pronto e disposto, porque ele tem medo da raiva. Tem medo do que é capaz de fazer quando a raiva surge, mesmo que isso só aconteça quando ele grita, esbraveja, bate em alguém ou reclama... ou quando surge o lado oposto da raiva, a depressão. Roy sente raiva porque não tem voz, e isso o torna impotente. Quando um homem se sente impotente, sente raiva.

Todas as censuras na vida de Roy começaram do lado de fora – dos pais, professores, outras pessoas. Mas gradualmente Roy as foi internalizando, e agora elas estão dentro dele. Ironicamente, o que lhe causa dor e desconforto – a raiva – é o que lhe ensinaram que ele não podia, *não devia* ter. Por isso sua raiva o machuca extremamente. Ele precisa encontrar uma forma de expressar a raiva, seja por meio de exercício, esporte ou terapia.

Assim, para Roy, disposição significa encontrar um lugar onde possa se sentar, largar os braços ao lado do corpo e deixar a raiva vir com toda a força. Significa se permitir reviver algumas das experiências dolorosas da infância. Significa estar disposto a dizer exatamente o que sente às pessoas que fizeram surgir a raiva – seja a raiva da infância ou a recente, ao ser questionado no trabalho.

Consciência

Muito do que sentimos num dia determinado tem pouco a ver com o que nos acontece naquele dia; está totalmente ligado (embora de maneira inconsciente) a fatos do passado. Por isso, às vezes alguém nos diz uma bobagem e ficamos quicando de raiva.

Quando alguém toca em nossos pontos fracos, aciona sentimentos e lembranças que ficam abaixo do nosso nível de consciência. Reagimos a pessoas, fatos e situações como se ainda estivéssemos vivendo no passado. Ficamos com raiva por coisas que vivemos na véspera ou no ano passado. Nosso chefe nos lembra alguém que nos tratou mal, então explodimos. A agente de seguros fala como nossa ex-mulher e nos deixa irritadíssimos.

Por causa desse elo inconsciente com o passado, quando reagimos com raiva, na maioria das vezes não nos damos conta das razões. Pensamos estar com raiva de alguém, mas na verdade estamos, sem saber, reagindo a questões antigas. Tudo o que a outra pessoa fez foi tocar em um lugar sensível, abrir uma antiga ferida, apertar um botão de cuja existência não tínhamos consciência.

Foi exatamente o que aconteceu com Roy. Todas as vezes que alguém investido de autoridade lhe falava, ele ouvia a voz do pai brigando. Sempre que se dirigia a uma mulher, reconhecia, na sua, a voz do pai.

O que Roy agora precisa é *tomar consciência*. Se está disposto e pronto a experimentar seus sentimentos, já se encontra na direção certa. Os sentimentos vão levá-lo à consciência, se ele lhes der atenção.

A maioria de nós precisa sofrer para se tornar consciente. Um garoto só tem consciência de que seus sapatos estão apertados quando os dedos doem. A dor espiritual também traz mensagens. Imagino que você já tenha pensado que sua vida não é do jeito que gostaria. Nunca se perguntou "O que há de errado comigo?", "O que há de errado com o que estou fazendo?". Alguma experiência sua trouxe você até esse lugar de questionamento. Alguma coisa que não saiu do jeito que você queria. É isso que vai levar você à consciência.

Por meio do erro e da perda, o Espírito chama sua atenção, acorda você. E o torna consciente de que não é o emprego ou o carro, a garota ou o dinheiro que vão transformar sua dor, mas o próprio Espírito. É preciso tomar consciência do Espírito que vive em você. Compreender o papel que os princípios espirituais desempenham na sua vida.

Na verdade, não há *nada* que possa alterar o poder da divindade que existe em seu espírito. Quando Roy perdeu o emprego, não perdeu seu espírito interior. Mas ele não sabia disso, porque *acreditava* em uma mentira – acreditava que o trabalho era seu espírito, que a mulher era seu espírito, que sua masculinidade era seu espírito. Ao longo da vida, essas experiências e situações externas podem alterar seu estado, afetando aquilo em que você acredita.

Se você acredita nas mentiras que esses fatores externos lhe contam – que eles têm poder ou vão lhe dar poder –, a mentira vai dominar sua vida e afetar suas ações. Se sua mente não conhece a verdade espiritual que há em você, ela vai traduzir todas as suas experiências de forma mentirosa.

Para que o cérebro utilize as qualidades espirituais em vez de filtrar tudo pela mentira, ele deve estar espiritualizado. Ou seja, deve estar repleto de informações de natureza espiritual. É uma tarefa difícil para os homens, pois eles tendem a pensar em termos concretos. E como o Espírito não é tangível, freqüentemente eles ficam apenas com a percepção física de suas experiências e não tomam consciência do propósito ou do significado espiritual. Isso acontece com homens e mulheres.

Para mudar a maneira de pensar e passar a ter consciência do Espírito, você precisa se dispor a procurar a verdade a respeito de si mesmo e a assumi-la. Precisa se dispor a examinar cada acontecimento a partir de uma visão interna. No meio de uma experiência, deve se perguntar "O que estou sentindo exatamente agora?", "Quando me senti assim antes?", "Em que situação?", "Quem estava envolvido?". Fazendo-se tais perguntas, você se torna consciente de seus mecanismos internos – o que o liga e desliga.

Em todas as emoções, inclusive na raiva, a chave para o poder está em dizer a verdade sobre como você se sente e sobre o que aconteceu. Roy pode parecer adulto, mas por dentro ainda é o mesmo garotinho maltratado pelo pai. A raiva originada por aquelas antigas experiências precisa ser reconhecida.

O chefe não vai fazer isso; ele apenas observou Roy desistir de um bom emprego. Nem a namorada; ela foi embora com a criança a reboque. É Roy quem tem de fazer. Tem de se olhar no espelho e, com toda a honestidade, ver algumas coisas. Cada uma dessas coisas será capaz de lhe dar um sentimento de poder verdadeiro – um poder ancorado em algo maior do que um emprego, uma namorada, um filho ou um pai.

Reconhecimento

Roy precisa tomar consciência de seus sentimentos, especialmente de sua raiva, mas deve também dar um *nome* ao que sente. Precisa identificar a energia interna que diz "Não posso dizer o que quero; não posso desafiar essa autoridade". A raiva que ele está aplacando com álcool e maconha precisa dar um passo à frente e ser reconhecida.

O reconhecimento é um passo-chave na direção da cura. A consciência dos sentimentos é essencial, mas não suficiente. Você pode estar totalmente *consciente* de algo e não conseguir *reconhecê-lo*. Pessoas que abusam do álcool e de drogas são exemplos primários. Mesmo sabendo que não podem passar o dia sem uma bebida ou um baseado, não conseguem reconhecer que são viciadas.

Reconhecer significa admitir o que você está pensando e sentindo. É assim que aceitamos e mantemos nosso direito de ser e sentir – um direito que a sociedade faz tudo para reprimir.

Reconhecer é admitir a verdade que pode causar dor ou medo, mas que é o caminho para a liberdade emocional e a evolução espiritual.

Como reconhecer o que você sente vai contra tudo o que lhe foi ensinado, é necessário um ato de vontade. Realizá-lo é um passo poderoso. Afinal, é impossível para um ser humano *sempre* dizer ou fazer a coisa adequada na hora certa. Haverá vezes em que você agirá de modo impróprio. Quando isso acontecer, reconheça. Aceite a si mesmo. Encare como uma experiência temporária, sem culpa ou vergonha. Uma experiência que pode lhe ensinar algo.

Se você não conseguir reconhecer os comportamentos impróprios (ou se recusar a reconhecê-los), eles vão parecer uma âncora ao redor do seu pescoço, puxando-o para baixo e para trás. Vai ficar com raiva das outras pessoas, culpando-as pelo que *você* fez. O ego sempre acha algum jeito de racionalizar comportamentos impróprios que você não reconheceu.

Quando não reconhece as próprias falhas, você se faz de vítima. Abandona seu poder. Por outro lado, quando reconhece o que fez e como reagiu, torna-se consciente do que é improdutivo ou nocivo no seu comportamento e adquire o poder de agir a respeito. Sabendo que uma forma de pensar ou de expressar sua experiência emocional não está dando os resultados que deseja, você tem poder para fazer outra escolha na próxima vez. Com tal poder e conhecimento, você se abre para a cura.

Aceitação

No fundo de cada ser humano há um poder ou uma força intangível e indestrutível que sustenta a vida. Essa força é a centelha de divindade que chamo de Espírito. Todos os seres humanos são feitos à imagem e semelhança de Deus.

Roy ficaria surpreso ao ouvir isso, porque no momento ele não se sente nada divino. Mas isso é verdade e significa que ele tem as mesmas capacidades e oportunidades de todas as pessoas para mudar e trazer à tona sua natureza espiritual. Paz, força, liberdade, compreensão, bem-estar, alegria e amor são potenciais divinos inerentes a todo ser humano. São atributos que recebemos ao nascer. O desafio que Roy enfrenta, que *todos* enfrentamos, é aceitar que temos tais atributos e reconhecer que eles estão sempre disponíveis, prontos a serem incorporados às nossas vidas.

Infelizmente, Roy, como muitos de nós, foi condicionado a procurar os benefícios de paz e força, dignidade e poder em pessoas, lugares e coisas; a esperar que esses benefícios venham do mundo, e não do Espírito. Mas não é preciso *permanecer* assim. Todos podemos aprender a fazer uso do Espírito.

Fazemos isso pela *aceitação*, que envolve assumir a verdade do Espírito e os princípios espirituais. Quando você assume a verdade, liberta-se da confusão psicológica e emocional e não precisa mais adequar o mundo às suas necessidades. Aceitar uma situação difícil como se ela estivesse em outra dimensão – uma dimensão espiritual – torna mais fácil movimentar-se de modo positivo e transformador.

A aceitação traz a tranqüilidade interna de que tudo está bem, tudo se encontra na ordem divina, mesmo quando não há prova de ordem em seu mundo externo. A aceitação também traz a capacidade de transcender o julgamento de certo e errado e das nocivas emoções de medo, raiva, vergonha e culpa que Roy sente neste momento. Se Roy conseguir *aceitar* de fato, se puder ver que há algo além da situação imediata, vai sentir um imenso alívio. Melhor ainda, a aceitação vai desencadear o poder contido em suas emoções, ajudando-o a se tornar mais forte e livre.

Confissão

É assustador admitir que erramos, que escolhemos mal, que tomamos a decisão errada ou nos comportamos de forma irresponsável. Pior ainda se tiver sido em público. Quando você confessa – mesmo a um amigo íntimo ou a um parente próximo –, você se expõe ao ataque, à crítica, à condenação ou ao abandono. Parece humilhante admitir a uma pessoa que você está sem saída, impotente. Mas a luz do Divino só pode penetrar através de um espírito humilde. Dizer a verdade a si mesmo e aos outros abre as portas de sua mente para a luz espiritual e para a força moral.

É claro que você não irá se abrir se achar que vai ser atacado por causa de sua confissão. Se acha que ainda está reagindo a experiências *antigas* quando lida com as pessoas, é melhor voltar à ferramenta da consciência e ter certeza de que está lidando no tempo *presente* antes de passar à confissão.

Mas não deixe a confissão de lado por muito tempo. Ela é uma ferramenta fantástica, porque livra a mente da culpa. Não sentindo culpa, sua auto-estima aflora. Se não precisa se defender, você não tem motivo para ter raiva.

A confissão também desarma o adversário. Se Roy tivesse ido para casa e admitido logo que colocara tudo a perder, a namorada provavelmente teria ficado a seu lado. Quando você expõe suas fraquezas, seus erros e fragilidades, eles não podem ser usados contra você. Ninguém pode atacar você com sua própria arma, a não ser que você permita.

Isso não significa que as pessoas ficarão felizes ao ouvir o que você tem a dizer. Não faz mal, porque você também não está orgulhoso do que fez. Mas provavelmente seu pior erro foi ter agido por medo, confusão ou sem muita informação. Talvez, ao se sentir desesperado ou sozinho, tenha se apavorado. Foi o que Roy fez. Isso não é *errado*. É *humano*.

Mas a verdade precisa aparecer. Quando você for confessar o que fez e o que sentiu, não deixe o ego começar a sussurrar mentiras e desculpas. Errar faz parte da natureza humana. Todos nós erramos. Temos medo de ser excluídos e punidos se reconhecermos um erro. Mas a lei espiritual reverte isso: quando reconhecemos um erro, nós nos integramos à humanidade – e somos recompensados com paz de espírito.

A recompensa virá, mesmo se a pessoa que ouvir a confissão não compreender você. Vale a pena correr o risco. Mesmo se seu melhor amigo parar de falar com você, ou se sua mulher ou sua mãe o expulsar de casa, você estará mais do que nunca sintonizado com o universo, e daí só podem vir coisas boas. É a lei espiritual. Por isso, usar a confissão como ferramenta de poder realmente funciona!

Rendição

Se você fala em rendição à maioria das pessoas, elas pensam em perda de poder, derrota, humilhação. Talvez você mesmo pense assim. Mas a rendição é uma das ferramentas mais poderosas do seu kit. Ela o liberta. Coloca sua fé em ação, alinha você com o Espírito e, sobretudo, troca o foco de *fazer* para *ser*.

Se você está cansado de ser julgado pelo que faz ou não faz, pelo que tem ou não tem, e quer ser visto e julgado pelo que *é*, tem de lidar com a rendição, porque este é o caminho mais curto e mais certo para o que deseja.

A rendição acontece quando você está na pior e consegue lidar com isso. A situação cheira mal, mas você não se rende ao medo, ao ressentimento ou à humilhação. No nível mais básico, render-se é admitir que você não tem idéia do que vai fazer ou do que virá. Significa que está disposto a parar de fingir que não sabe o que quer. *Certamente* sabe e deseja muito isso. Agora, pare de lutar e o que você deseja vai acontecer. Roy não podia fazer isso – não podia se render à situação e admitir que tinha uma participação naquilo – e, como resultado, perdeu tudo.

A rendição é essencial para um relacionamento forte. Sem ela, os dois lados são obrigados a brincar de gato e rato. Ela gosta de você, você gosta dela, mas os dois têm medo de admitir. Afinal, isso significaria se render! Com medo de parecerem fracos ou de serem humilhados, resistem à atração; lutam contra o que sentem e lutam um contra o outro.

Render-se à emoção num relacionamento significa sem dúvida correr risco; mas, a partir do momento em que se rende, você remove sua resistência e diminui o medo. Você fica em sintonia com o Espírito e dá a ele a energia necessária para trabalhar a seu favor.

A rendição é uma opção pouco atraente para os homens, porque ela está associada a perda e fraqueza. Mas tente pensar na rendição como um ato de coragem e poder, que provoca uma mudança na consciência – você deixa de ser uma pessoa impotente e se torna um filho de Deus com direito ao que há de melhor.

Estamos falando da rendição do *ego*. Renda-se! Em troca, você terá todo o poder do universo!

Perdão

Entre as ferramentas de força mais poderosas está o *perdão* – perdoar a si mesmo e aos outros de situações passadas e presentes. Perdoar significa abrir mão do antigo e escolher o novo.

Como vimos, muitas vezes experiências e lembranças antigas dirigem nossas ações sem que tenhamos consciência. Coisas que nos incomodam – lembranças que trazem raiva, ressentimento, vergonha ou culpa – turvam nossas mentes e nossa capacidade de julgar o que é certo e errado. Esses velhos pensamentos nos afastam da verdade e nos causam problemas. Embora invisíveis, são mais poderosos do que nós.

Só o perdão nos liberta dessas forças. Quando perdoamos, a nós ou a alguém, ficamos mais livres. O perdão traz aceitação e nos empurra um passo adiante.

A maioria de nós acredita que, ao perdoarmos os outros, estamos desculpando seu comportamento. Pensamos que perdoar é admitir que não houve problema com o que aconteceu. É exatamente o contrário. O perdão abre espaço para a justiça divina prevalecer. Tira a responsabilidade dos seus ombros, especialmente quando o foco de sua raiva não está mais por perto. Quando você perdoa, clareia suas ondas mentais e emocionais e fica livre para seguir adiante.

Quero que você diminua seu fardo. Jogue fora toda a energia que vinha gastando acusando a si mesmo e aos outros, sentindo-se culpado ou com raiva. Em vez disso, use a energia para seu bem maior.

Compreensão

Compreender não é uma ação; na verdade, é uma recompensa. A compreensão assinala a aceitação consciente de onde você termina e o Espírito inicia. É a revelação da verdade, é a capacidade de ver além do imediato – de ver o real.

A estrada para a compreensão tem um grande buraco: você precisa se dispor a dizer a si mesmo a verdade a seu respeito. Tem de ser capaz de aceitar o que faz antes de compreender por que faz. A clareza é um sinal revelador de que a compreensão está bem perto.

Ao ver a verdade, aceite-a. Aceitar a verdade é o caminho para a cura. A compreensão é a recompensa que você recebe quando se dispõe a curar-se.

Compromisso

Quando você sabe o que quer e está disposto a admitir isso para si mesmo e para o mundo, mesmo correndo o risco de ser chamado de bobo, você é capaz de comprometer-se. O *compromisso* é uma ferramenta simples, mas dele provêm a disciplina, de que já falamos, e a exatidão, de que falaremos. Você não pode ter disciplina ou exatidão sem decidir intimamente – sem comprometer-se – pegar toda a energia liberada pelas outras ferramentas de poder e usar essa energia para realizar seus desejos.

Responsabilidade é sinônimo de poder

Responsabilizar-se é a única forma de ter poder psicológico, emocional e espiritual. Quando você se responsabiliza por tudo o que acontece na sua vida, adquire o poder de mudar o que não gosta. Quando assume a própria vida, muda sua atitude em relação ao que *deseja* e ao que *quer*. Em outras palavras, faz escolhas conscientes e deliberadas. Não é mais uma vítima. Você passa a ter o poder de dizer "não" às situações que não lhe convêm. Responsabilizar-se é dispor-se a fazer alguma coisa a respeito do que está acontecendo (ou não) na sua vida.

Se Roy não estiver pronto para se responsabilizar por sua raiva, vai continuar a recriar situações em que atuará como o garotinho sem voz. Vai fazer isso no trabalho e na vida afetiva. Vai atrair pessoas que também precisam achar suas vozes. Ele não foi punido até agora porque atraiu pessoas (e foi atraído por elas) que não se dispuseram a desafiá-lo. O que Roy precisa é de um amigo que tenha coragem suficiente para mostrar a ele que seu comportamento é impróprio. Alguém tem de apoiar essa parte de Roy, que já sabe que seu comportamento o fere e fere os outros.

Sempre que se encontrar numa situação difícil, pergunte-se: "O que eu fiz para estar no ponto em que estou agora? De que forma contribuí para esta situação? O que estava pensando? O que estava sentindo quando entrei nesta experiência?" Todos temos no inconsciente padrões de pensamento, emoção e comportamento. Esses padrões atraem experiências que refletem nossas crenças internas e o que acreditamos a nosso respeito. Como vimos ao falar sobre consciência, você precisa se dispor a examinar o que faz e por que faz. E também se responsabilizar por seu papel nas experiências vividas – mas sem culpa, vergonha ou censura. Ao fazer isso, você se torna capaz de fazer escolhas conscientes, iluminadas e produtivas.

Temos de nos responsabilizar também pelas pessoas à nossa volta. Vimos que Roy precisaria encontrar pessoas que o advertissem afetuosamente quando seu comportamento fosse impróprio. Se você tem um Roy na sua vida, responsabilize-se por essa pessoa: só chamando a atenção dela é que você lhe dá a oportunidade de mudar de comportamento.

Você não está na vida de Roy por acidente: um procurou o outro. Você pode se ajudar, ajudando-o. Se você chama a atenção de Roy para o seu comportamento, mostrando-lhe a responsabilidade que ele tem, vai ajudá-lo a perceber que fugir não é a solução.

O que aconteceria se Roy assumisse responsabilidade? Em primeiro lugar, ele tomaria consciência de que foge e se esconde usando a raiva para disfarçar sua vergonha por não ser bastante homem (como ele se vê) na hora de responder ao pai ou a qualquer autoridade. Em segundo, ficaria atento para lidar com suas reações internas e reconhecer a raiva e a vergonha, sabendo qual é sua origem. Em terceiro lugar, ele se disporia a acreditar que reagir é uma questão de *escolha*. Se Roy – ou qualquer um de nós – quiser mudar, é preciso fazer isso.

Reconhecendo que nosso comportamento é o resultado da livre escolha, poderemos reagir de maneira mais construtiva quando formos acionados por algum sentimento. Só então vamos fazer escolhas melhores, optando por estratégias eficazes, em vez de ir embora, perder a calma ou cair em silêncio e depressão.

Exatidão

É a ferramenta de poder que faz tudo acontecer. Converte todas as emoções no poder e na liberdade que os seres humanos procuram. Transforma carne em espírito. É pura alquimia!

Exatidão significa fazer a coisa certa. Quando estamos com raiva ou ressentidos como Roy, tentamos controlar as pessoas e as situações. É impossível fazer a coisa certa desse jeito! Mas, se você usou corretamente as ferramentas anteriores, pode agora escolher e decidir o que é melhor para você e para os outros.

Quando você faz a coisa *certa*, vem a recompensa: você *se sente* bem. Torna-se livre!

Não me entenda mal. Fazer a coisa certa não significa que você não vai tropeçar ou cair de vez em quando. Não significa que vai se tornar rico e famoso. Significa que, aconteça o que acontecer, você vai aceitar a maior parte das experiências como desafios e estímulos para crescer, e não como uma desculpa para desistir ou se voltar contra si mesmo ou contra outra pessoa.

Se suas intenções são boas e claras, a exatidão irá manifestar o resultado que você deseja!

Quietude

É a arte de não fazer. É a prática da fé, da confiança e da crença transformada em experiência concreta. Tem a ver com tomar decisões e não julgar a si mesmo em termos de certo ou errado, bom ou mau. A quietude vem quando você pode ser quem é, exatamente onde está, e sabe que esta é uma solução. Quando você não tem nenhum lugar para ir, a quietude manifesta sua percepção de que a ajuda está *aqui*, *agora*, na forma do Espírito.

A quietude permite que, com a ajuda do Espírito e com suas ferramentas, você recupere o poder que desperdiçou durante anos. Dá a você a liberdade de viver o momento, livre de todas as raivas e ressentimentos do passado, livre de todas as justificativas, desculpas e censuras.

Conhecimento é igual a liberdade de escolha

Todas as ferramentas de poder são essenciais se você quer usar o poder de suas emoções para transformar sua vida. Nem todas as ferramentas são necessárias em todas as situações, mas, combinadas, elas trazem conhecimento. É preciso, porém, *utilizá-las*. Seu sucesso como uma pessoa que é, mais do que como uma pessoa que faz, depende da sua capacidade de dominar e usar as ferramentas. Enquanto não acreditar que tem o poder de fazer escolhas, você não é capaz de reagir de maneira consciente e deliberada às escolhas inconscientes e nocivas que de fato faz. Até assumir a responsabilidade por suas escolhas e ações, você não pode sentir seu poder pessoal. Sobretudo, enquanto não integrar suas ações com a verdade de quem *é*, você não vai mudar. É nesse sentido que todas as ferramentas de poder trabalham: são ações que criam uma mudança real. Uma pessoa pode jurar que quer mudar e até fazer planos. Mas, enquanto não mudar a forma de agir, nada de construtivo vai acontecer.

Vamos voltar a Roy. Ele pode passar por tudo o que falamos aqui: reconhecer sua raiva, conscientizar-se de que ela o controla, etc. Mas, enquanto não tiver todo o conhecimento necessário a respeito de si mesmo, da forma como reage, e não fizer escolhas melhores, a energia de todas as suas emoções negativas vai puxá-lo de novo para o fundo do poço de onde ele tenta sair. No entanto, se Roy usar seu novo conhecimento para moldar uma nova ação, ele se tornará capaz de recuperar o poder que existe em sua raiva, em sua vergonha. Deve escolher o poder de suas emoções e não permitir ser usado por ele.

Roy tem de começar escolhendo expressar sua raiva diretamente, em vez de canalizá-la de forma indireta. Se não consegue falar direta e honestamente com as pessoas que são importantes na sua vida, talvez possa desenvolver essa capacidade escrevendo em um diário ou fazendo terapia. Ele tem de achar um caminho para expressar os sentimentos de maneira honesta e produtiva.

Tem de se dispor a dizer às pessoas da sua vida que está com raiva, ferido, que se sente desprezado. Reconhecendo para si e para os outros o que sente, Roy pode direcionar toda a energia que concentra na raiva para transformar circunstâncias externas que reforçam seu sentimento de impotência. Se usar a raiva de modo adequado para encontrar a própria voz, seu mundo vai mudar. Ele vai deixar de atrair situações e pessoas que o fazem sentir-se mudo, invisível, impotente. Se for capaz de reconhecer seus sentimentos em um diário, contando para um amigo ou mesmo para um chefe, poderá escolher como quer agir, em vez de ser vítima da vergonha e da raiva. Achando uma pequena voz dentro de si, ele a fará mais alta quando alcançar outras pessoas – outros homens, as mulheres mais próximas, talvez um terapeuta.

À medida que sua voz crescer em volume e grau, Roy vai aprender a fazer a coisa certa. Isso vai tornar-se normal. Quando sentir vergonha ou raiva, vai respirar fundo, soltar os braços ao longo do corpo e manter a boca fechada até se acalmar. Talvez ele tenha de conversar com o garoto raivoso que há dentro dele e reconhecê-lo, dizendo: "Sei que você está aí. Sinto sua raiva. Vou pegá-lo pela mão e vamos seguir nessa direção." Em todo homem adulto que expressa raiva há um garoto de seis anos tendo um rompante de raiva. O adulto tem de cuidar dele com firmeza e carinho.

A raiva de Roy pode ajudá-lo a achar sua voz e se expressar. A pedir o que quer. A pensar em como se sente, sabendo que as coisas podem ser diferentes. O problema com a raiva é que a voz jamais foi expressa, ou foi de uma forma diferente da que ele pensava que devia ser. Roy ouvia alguém dizendo que estava errado quem ele era, o que queria ou o que fazia. Ao conseguir lidar com a raiva, ele vai saber que pode ter esse sentimento, que as coisas não precisam ser como ele quer, mas que isso não significa que ele seja desvalorizado como pessoa ou como homem.

Podemos aprender a partir do exemplo de Roy. Sua primeira lição foi que a resposta interior é da maior importância. Não diga que não está com raiva, se está. Não diga que se sente bem, se não é verdade. Não negue *nenhum* sentimento, bom ou ruim. Mas não deixe um sentimento dominar você. Não deixe o rompante do garoto de seis anos determinar a ação do adulto.

Há três "cês" que podem ajudar você a reconquistar sua vida:

controle, cooperação e compromisso. Se você *controla* suas reações, *coopera* com os que estão à sua volta e se *compromete*, você acaba detendo o controle. Você *controla* suas reações e suas ações. Você *coopera* tanto com os outros quanto com seus próprios objetivos e desejos. E isso pode exigir um tipo de *compromisso* que não nega a verdade de quem você é ou do que sente.

Não havia os três "cês" no modelo que Roy teve como criança ou jovem. Mas as ferramentas de poder podem lhe ensinar controle, cooperação e compromisso. E também podem ajudar você, se estiver disposto a usá-las. Conquistando a verdade de quem você é, poderá se relacionar com as outras pessoas e com o mundo. Mas isso exige que reconheça e respeite a sua realidade interna e seja capaz de reconhecer: "Isso não me faz sentir bem."

Olhando adiante

Nas próximas páginas, vamos falar de diversas emoções e dos comportamentos que elas produzem. Vamos examinar o desenvolvimento e a existência de conflitos em diversos níveis da realidade interna. Em cada caso, vamos oferecer alternativas para quem deseja explorar sua realidade espiritual.

Essas alternativas estão disponíveis para os leitores que se dispõem a admitir que não é o que lhes ocorre *externamente* que determina o que lhes acontece *internamente* e para os que desejam se responsabilizar por si mesmos e por suas vidas, extraindo do Espírito que os habita a força, o poder e a liberdade que desejam e merecem.

Antes de continuarmos, saiba que não vai ser fácil. Nunca é fácil reaprender. Comprometer-se também não é fácil. Mas vale a pena! E é extremamente compensador! Mas talvez você já tenha percebido a *dificuldade* – principalmente se reconheceu em você algo de Roy.

Todos fomos programados para aceitar, assumir e encenar

coisas não verdadeiras a nosso respeito. Não são coisas em que acreditamos profundamente, mas, mesmo assim, nós as defendemos e protegemos de todas as formas, porque elas nos dão uma falsa segurança.

A perspectiva de nos perdermos, mesmo momentaneamente, pode ser bem assustadora. O processo de trabalho apresentado neste livro é árduo, por vezes assustador, mas necessário para que o nosso *eu verdadeiro* possa viver uma *vida verdadeira.* Será necessário desistir de posições muito antigas e confortáveis para se envolver em um processo que inicialmente trará *desconforto.* Quando nos sentimos confortáveis, não estamos crescendo. E este é um livro que fala do crescimento do poder, da liberdade de escolha e de expressão.

Este é um trabalho sagrado. Secreto. Se ficar difícil, se você perceber que não consegue se manter comprometido, ou que não vê os resultados desejados, peça ajuda. Não a alguém ou a alguma coisa externa a você. Convoque a graça e o poder do Espírito dentro de você. Peça e receberá!

Capítulo 3

Phillip
Dando ataque e fazendo cena

Uma coisa é estar atrasado. Outra é, além de estar atrasado, *ter uma atitude inadequada*. Phillip entrou no escritório dez minutos atrasado para um compromisso. Entrou na sala de reuniões três minutos atrasado. Ninguém ali tinha idéia de que ele tinha passado a noite discutindo com a namorada. Nem que era a quinta vez em três anos que terminavam o namoro.

Sabiam que Phillip estava aborrecido *com alguma coisa* – isso era evidente –, mas ninguém pediu explicações, pois a atitude dele inibia todo mundo. Ele largou o corpo na cadeira, fechou a cara e ficou rabiscando na agenda enquanto os colegas falavam. Quando foi sua vez de explicar o relatório de seu departamento, revirou os olhos e disse: "Eu passo." E jogou a caneta na mesa. Seu amigo Gary a devolveu.

Depois dos relatórios dos departamentos, o gerente passou ao item seguinte: o progresso da equipe de estagiários. Infelizmente, ele cometeu o erro de começar com a equipe de Phillip. Ninguém se lembra exatamente do que o gerente disse na introdução, mas era alguma coisa sobre freqüência ou atraso. Antes de o gerente acabar de falar, Phillip bateu a mão espalmada na mesa e negou veementemente o que entendeu como acusações contra ele.

Ben, o pacificador do grupo, começou a tentar explicar a Phillip exatamente o que o gerente estava falando. Pobre inocente! Phillip o fuzilou com os olhos. O gerente sentiu que as coisas iam explodir e pediu para Phillip se explicar. Mas Phillip estava perigosamente concentrado em Ben, que continuava tentando explicar as intenções do gerente. Phillip interrompia Ben a cada argumento. Pam, geralmente eficiente em ajudar os colegas a perceber um ponto de vista alternativo, interrompeu para fazer Phillip ouvir a explanação de Ben. Elizabeth, mais preocupada com os números do orçamento, tinha se desligado e fazia somas no papel.

Mesmo assim, Ben continuou a falar. De repente, Phillip elevou a voz e ficou claro que a situação ia explodir mesmo. Ninguém sabe quem se levantou primeiro, se Phillip ou o gerente. Mas foi Phillip quem agiu de modo decisivo: arremessou a cadeira do outro lado da mesa. Ben escapou porque se jogou no chão. O caos se instalou. Todos correram, e Gary segurou Phillip, que se dirigia a Ben com um olhar furioso.

Quando tudo terminou, Phillip pediu desculpas, e Ben aceitou. O gerente preparou uma carta de demissão para Phillip assinar, mas, antes que pudesse entregá-la, Phillip tinha limpado sua mesa e saído.

O primeiro telefonema que Phillip deu quando chegou em casa foi para a namorada. Quando soube do acontecido, ela esqueceu a briga e o apoiou. Em seguida, Phillip telefonou para o melhor amigo que estava ocupado com um projeto, mas que prometeu retornar depois. Só quando ligou para a mãe é que Phillip ouviu a verdade: "Acho que desta vez você exagerou nos seus impulsos e emoções", ela disse. "E *agora*, o que vai fazer?"

O que está realmente acontecendo?

Eu cresci no bairro do Brooklyn, em Nova York, onde vi meu irmão e vários de seus amigos lutarem com a complexa tarefa de se tornarem homens. Meu irmão e seus amigos falavam uma língua diferente da minha, uma língua de poucas palavras, com sentidos obviamente profundos (embora simbólicos).

Os símbolos e a língua se tornavam mais aparentes quando um novo membro se juntava ao grupo. Eu via como inspecionavam o candidato e como o desafiavam verbalmente e não verbalmente para determinar se ele era ou não quem dizia ser. Havia um desafio especialmente importante para ele. Era algo do tipo "Não deixe sua boca prometer o que sua mão não pode pagar". Eu não conseguia imaginar por que os garotos precisavam ser tão duros e cruéis com os candidatos ao grupo.

Quando permite que o orgulho, o ego ou a dor motivem seu discurso ou seu comportamento em relação a outra pessoa, você estabelece com ela uma relação de troca que será cobrada sem complacência.

Quando você estabelece essa relação com alguém que tem um papel significativo no seu bem-estar ou na sua sobrevivência, as negociações podem ser bem difíceis. São ainda mais desafiadoras quando você entra nelas com o orgulho ferido, com um ego descontrolado ou com uma ferida emocional consciente ou inconsciente. Nessas circunstâncias, provavelmente você vai dizer ou fazer alguma coisa capaz de criar um sério problema em alguns aspectos de sua vida.

É mais provável que a outra pessoa não lhe dê em troca o que foi combinado. Não porque não *queira*, mas por causa da maneira como você apresentou a cobrança. Essa dinâmica acontece o tempo todo entre pais e filhos.

É importante compreender esse processo, porque as relações que estabelecemos com nossos pais ou com as pessoas que cuidaram de nós na infância geralmente servem mais tarde como base para nossa *capacidade de negociação emocional*. Essa capacidade cria nossa *realidade interior* – a realidade a partir da qual vivemos e conduzimos nossas vidas.

Embora eu diga "realidade interior" no singular, cada um de

nós vive sob a constante influência de quatro realidades interiores, distintas, mas inter-relacionadas: a física, a mental, a emocional e a espiritual. Vamos examinar cada uma delas.

Realidade física

A realidade física é uma função do que podemos ver, sentir, ouvir, tocar e provar; em outras palavras, é a realidade dos sentidos físicos. Este nível é crucial para a vida humana.

No nível físico aprendemos a *procurar prazer* e, a todo custo, *evitar dores*. É no nível da realidade física que na infância aprendemos a curtir o que nos faz sentir bem e a evitar o que não faz.

Aprendemos a experimentar e a criar fronteiras vendo até que ponto podemos ir e o que podemos fazer antes que o prazer termine e a dor comece. Aprendemos até onde ir antes que alguém grite conosco ou nos ataque pelas costas. Aprendemos a reconhecer quem nos bate com força e quem adiciona um beijo ou um abraço à palmada. Aprendemos em que lugares podemos colocar os dedos e quais devem ser evitados. Aprendemos o que é seguro e o que não é. O mais importante é que aprendemos em quem e no que acreditar para aumentar nosso prazer; aprendemos quem e o que vai nos causar dor.

Nossa realidade física é fortemente ligada à nossa realidade interna mental, que a traduz. Passemos à realidade mental

Realidade mental

A realidade mental é o depósito de nossas lembranças, de nossas experiências passadas. Nessa realidade interna, armazenamos o que aprendemos com a experiência, o que aprendemos com quem cuidou de nós e nos guiou. Com base nesse aprendizado e nessa experiência, armazenamos o que percebemos ou acreditamos como verdadeiro.

É no nível mental de nossa realidade interior que percebemos mais genericamente, e da melhor forma possível, o que causa prazer e o que causa dor. Gradualmente *acreditamos*, baseados nas associações mentais que criamos, no que dá dor e prazer, em quem vai causar dor ou aumentar o prazer, como evitar, negociar ou eliminar a dor e como transformar a dor em prazer.

No meio do nosso aprendizado no nível mental também estamos criando as ferramentas de aprendizado da nossa realidade emocional.

Realidade emocional

Todos temos na vida o mesmo objetivo: fazer o que nos faz sentir bem e evitar o que nos faz mal. Embora possa haver fortes evidências de nossas realidades física e mental, a realidade emocional é puramente subjetiva. Ela existe em nós baseada no que pensamos, sabemos e em como nos sentimos.

A realidade emocional é poderosa porque proporciona evidências do que experimentamos no nível físico e intensifica o que percebemos no nível mental. Determina o que fazemos e como fazemos em resposta aos estímulos dos outros dois níveis. Os estímulos criam o que chamo de *carga emocional.* A carga que recebemos de uma experiência ou de um determinado estímulo vai nos impulsionar para a frente ou nos puxar para trás.

Não podemos nos movimentar se nossa realidade emocional não estiver envolvida com o que estamos fazendo. As emoções, mais do que qualquer outro aspecto de nosso ser, determinam nossas respostas, ações e reações. Nossa realidade emocional é o combustível não-poluente de nossas vidas.

Os pensamentos também são combustível, assim como as lembranças. As associações, as crenças e as percepções servem como combustíveis – mas nem todos queimam bem. Infelizmente, quando misturamos combustível bom e ruim, combustível real com produtos fajutos, o carro que dirigimos pode dar problemas e nos deixar a pé!

Realidade espiritual

Abaixo das realidades física, mental e emocional há um chão muito mais fértil. É a *realidade espiritual interna.* A realidade autêntica. A verdade de quem somos. É aqui que a centelha e a essência da divindade se incorporam em nosso eu. É como um tanque cheio, o filão principal. É o que foi chamado de "a pequena voz interna". O raio de esperança. A centelha de gênio que brilha em nossos olhos, inspirando o pensamento e enchendo o coração de possibilidades.

É a partir do nível espiritual que devemos viver. É dessa realidade espiritual interna que extraímos o poder para criar vidas plenas. É neste nível que conseguimos a força e a coragem para viver experiências em todos os outros níveis de realidade. É o nível de nosso ser em que descobrimos e experimentamos a liberdade. Liberdade de pensamento e de expressão. Liberdade de movimento para negociar as realidades interna e externa que desejamos experimentar.

É também o nível da pura essência divina. Uma essência que fomos programados e estimulados a *ignorar*. Por isso ficamos mentalmente confusos, emocionalmente em conflito, tragicamente desarmados e incapacitados no nível de nossa realidade física.

Sabendo de tudo isso, vamos voltar a Phillip.

Falando com o homem no espelho

Phillip é um homem. E como todos os homens, treinado para fazer o que se espera dele. Agindo dessa forma, ele deseja experimentar o prazer e evitar a dor. À primeira vista faz sentido: Phillip quer se sentir bem a respeito *dele mesmo* ao fazer aquilo que o leva a sentir-se bem como um *homem*. É a realidade física na qual vivemos.

Phillip foi certamente *treinado*, por meio da experiência e do exemplo, a fazer o que os homens fazem. Esse treinamento levou-o a conhecer os critérios das expectativas internas e externas e reforçou a realidade mental de Phillip. O que ele pensa a respeito dele mesmo (e de sua capacidade de fazer o que os homens fazem) e o que ele pensa que os *outros* pensam a respeito dele se chocam em relação ao *fazer*.

Em seguida, vamos considerar a fonte primária de combustível: suas emoções. Quando conhecemos Phillip, ele estava aborrecido porque tinha brigado com a namorada. Ela provavelmente dissera palavras que o feriram. Também podemos imaginar que Phillip percebeu a agressão da moça como um ataque frontal à sua masculinidade. Certamente ela o fez sentir-se *errado*, apontando todas as suas falhas.

Se Phillip é como 99% do resto da raça humana, achou ruim estar errado! Pior ainda para um homem, pois eles são severamente punidos ao agirem errado: suas mulheres perdem a esperança, a fé e a confiança neles, e os outros homens os reprovam. Essa lição Phillip já conhece. Aprendeu isso quando, ainda bebê, colocou o dedo na tomada, quando ralou o joelho e chorou ou quando perdeu um lance no futebol.

Agora, adulto, juntou-se a raiva da namorada com o atraso para uma reunião de trabalho importante. As coisas foram se acumulando: ele está fazendo alguma coisa *errada;* ele é *mau!* E, como Phillip aprendeu, não há qualquer prazer em ser mau. Você pode imaginar o impacto na cabeça dele? É o que se chama de conflito. E a combinação dos conflitos mental e emocional é igual a dor!

No meio do doloroso conflito, espera-se que Philip – *o homem* – ganhe a vida! Ele tem de trabalhar! Os homens têm de ir trabalhar, não importa o que estejam sentindo! Espera-se que eles interrompam sua realidade interna para satisfazer as expectativas externas que lhes foram impostas (ou que eles se impuseram). O que se espera é que *escondam* os sentimentos ou *lidem* com eles para agir dentro dos padrões estabelecidos.

Phillip sem dúvida desejava, na discussão com a namorada, convencê-la de que não estava errado, mas ele tinha de ir trabalhar! Suas imagens mentais de masculinidade o obrigavam a revidar o ataque feito pela namorada à sua masculinidade, *mas ele tinha de ir trabalhar!* Phillip, o busca-prazer que queria ser confortado, que desejava experimentar um breve momento de segurança, *tinha de ir trabalhar!* Afinal, as pessoas esperavam por ele no escritório, *dependiam* dele, esperavam que aparecesse e fizesse o que os homens têm de fazer. Trabalhar! *Ah, que desumanidade!*

Como se supõe que um ser humano lide com as águas turbulentas de sua própria realidade interna quando vivencia conflitos e dor no contato com as realidades externas – tudo isso quando tem pouca energia e lembranças turvas? É uma coisa que não consigo entender, mas fazemos isso o tempo todo – homens e mulheres! Ignoramos, evitamos, negamos o que estamos experimentando internamente para satisfazer as expectativas externas. Embora essa tendência não esteja ligada a um gênero, é muito mais trágica nos homens. Por quê? Porque homens não choram. Porque, com raras exceções, os homens não têm ligações íntimas, próximas e honestas com outros homens ou com pessoas de quem possam depender ou a quem estejam submissos. Porque a crença nelas arraigada é: homens não dependem, não são submissos!

O que os homens fazem quando acontece dentro deles um desastre mental ou emocional – conflito, dor ou disfunção – *é dar um ataque*. Homens que agem assim podem até se sentir melhor, mas é um alívio temporário, porque o conflito fundamental continua sem solução. A longo prazo, esta atitude recria a mesma experiência que pretendem evitar, reforçando as realidades física, mental e emocional que deram origem ao conflito e à dor!

Isso nos faz voltar a Phillip. Ao chegar atrasado no trabalho, está com raiva porque acha que a namorada simplesmente não consegue ouvir o que ele tem a dizer. Ele conhece bem esse sentimento, porque não foi ouvido na infância. Quando as pessoas não se sentem ouvidas, muitas vezes pensam que não têm a menor importância. Concluem: "Não importa quem eu sou, o que digo, do que preciso."

Phillip também sente medo. Medo de ter feito a coisa errada, da forma errada – o que, como vimos, se traduz por "Sou mau!". Além disso, tem medo de ser punido por não ser bom. Ele provavelmente associa a experiência difícil com a namorada a alguma lembrança latente e inconsciente de uma falta infantil pela qual foi punido. Por causa dessa associação, ele agora teme que, por ter sido mau, vá perder uma fonte de prazer, conforto e segurança.

Nunca é bom perder! Esse é um poderoso mecanismo mental e emocional para todos nós, mas *especialmente* para os homens. Os conceitos de ganhar e perder estão intimamente ligados a masculinidade e machismo. Estão presentes em todas as competições esportivas e em discussões nos vestiários!

O mais importante é que Phillip está com raiva. A raiva é a resposta mental e emocional que damos quando nosso poder é ignorado, diminuído ou eliminado. Phillip não consegue que a namorada o ouça. Não convence a namorada de que está certo. Percebe que ela está ignorando seu poder e ao mesmo tempo não consegue ativar ou utilizar o poder que sabe ter. Se ao menos ela o *ouvisse!* Se ele pudesse fazê-la ouvir! Se pudesse ao menos eliminar a dor do conflito mental e emocional e ter um momento de prazer!

Phillip não sabe, mas, se ele pudesse ir além das programações, das experiências e dos treinamentos passados, em direção ao rico solo de seu espírito, acharia uma alternativa. Infelizmente, ele nem sabe que *tem* um espírito. E, o que é pior, ele tem de ir trabalhar! E está atrasado!

Os cães que dormem não dormem para sempre!

Todo pensamento que já passou por nossas cabeças, toda emoção, agradável ou não, toda percepção, julgamento, aprendizado, treinamento ou programação que recebemos – tudo isso está adormecido em nosso ser. Uns ladram. Alguns mordem. Outros soluçam. Mas todos desempenham um papel na forma como agimos. Alimentamos esses cães a cada momento, com cada novo pensamento, emoção, expectativa, crença, associação, ação e interação. Alimentamos os cães com as realidades internas da mente, da emoção e do espírito, mas eles foram ao mesmo tempo alimentados com a nossa realidade externa. A alimentação é combustível! A natureza do combustível de nossas realidades interna e externa combinadas determina se estamos criando um pit bull feroz ou um doce spaniel.

O medo é um pit bull. Quando você tem medo – medo de não ser ouvido, reconhecido, de não ser importante e de não ter importância *o que você sente* –, o seu orgulho ferido estará sempre presente nos seus atos. Algum aspecto interno de seu eu estará gritando na sua mente: "Essa pessoa pensa que eu sou um derrotado!" Na pior das hipóteses, a voz orgulhosa no fundo de sua mente vai provocar: "Quem ela pensa que é? Ela não pode me tratar assim! Vou mostrar quem eu sou!" Em outros casos, seu orgulho pode se calar sem fornecer qualquer indicação do que você deve fazer em seguida. Sem dar qualquer apoio interno, qualquer aprovação. Esse silêncio provavelmente é mais aterrador do que ser provocado a agir.

Quando o medo domina, o ego ocupa a cena. O ego, esse anjo de asas escuras que, como um cão raivoso, muitas vezes sussurra mensagens conflitantes, vai trazer à sua mente, em 30 segundos ou menos, as experiências passadas que o humilharam e constrangeram. Vai trazer a lembrança de quem o desafiou, desprezou, quem atingiu você sem lhe dar chance de revidar. O cão vai acordar e começar a latir.

Quando o orgulho ferido e um ego não reconhecido entram em cena, você vai se lembrar de todas as corridas de revezamento que perdeu. Cada ocasião em que se saiu mal. Bem diante dos seus olhos, vai aparecer o fato distante em que você estava morrendo de medo, totalmente inseguro, e, quando pediu ajuda, riram de você e o abandonaram, sem ouvi-lo. É essa lembrança particularmente dolorosa que irá direto para a sua mente, fazendo com que você se feche ou dê um ataque.

Em resposta a um cachorro latindo na sua cabeça, você pode se tornar violento ou se fechar. Nos dois casos, quem chegar perto também vai ficar cara a cara com o cão que há em você, porque seu comportamento vai refletir o comportamento dele. Você rosna, late, gane ou foge, dependendo do que o cachorro interno lhe disser para fazer.

Na maioria dos casos, aquele que foi treinado, pela experiência ou pelo exemplo, sobre como um homem deve agir quando confrontado por um cão não vai fugir. Vai se defender. A forma como se defenderá vai depender de sua realidade interna, do número e das raças de cães que ganham vida em sua consciência.

No caso de Phillip, o pit bull acordou, rosnou, latiu e fez com que ele mordesse. Morder é uma forma de ataque – uma entre muitas. A guerra é outra. Alcoolismo, uso de drogas e brigas de bar são maneiras comuns de homens e mulheres atacarem.

Os homens atacam especialmente quando se sentem impotentes, oprimidos, amedrontados ou raivosos. Também perdem o controle quando há um conflito entre os níveis de sua realidade interna. Os homens tendem a agir assim quando estão sofrendo. Isso não é uma desculpa, mas uma realidade com que a maioria de nós convive.

Ativando a energia espiritual

A psique humana é capaz de suportar muita coisa antes de procurar uma saída para a dor e o conflito. Ela busca a fonte de alívio que lhe parece mais acessível para acalmar a dor. Infelizmente, nesse processo, a psique humana freqüentemente retira e libera energia do mesmo nível de realidade. Ao tentar consertar uma coisa, ela a torna pior.

Como já vimos, há outro nível de realidade – o espiritual. Ele é o tanque de combustível de onde uma enorme quantidade de energia pode ser retirada. É uma energia transformadora que facilita a mudança. As condições externas, as situações e as experiências não mudam. A mudança ocorre internamente, em todos os níveis da realidade mais íntima.

A pergunta é: *como?* Como se ativa a energia espiritual no meio de um doloroso conflito interno? A resposta é: *pelo processo.* Para acessar e ativar a energia espiritual, você tem de estar disposto a se engajar no processo que faz com que sua dimensão humana dê espaço para que a energia da sua divindade – seu espírito, que é parte do Espírito divino – assuma a direção. Você tem de se dispor a entrar em um processo de auto-exame, analisando-se e submetendo seus pensamentos e sentimentos à aplicação de princípios espirituais.

A boa notícia é que ninguém tem de saber o que você está fazendo. O processo espiritual acontece no fundo do seu eu e é invisível para os outros. A má notícia é que você é totalmente responsável pelo trabalho ao longo do processo, pois ele depende apenas de seus esforços. Ao contrário do que acontece nos níveis físico, mental e emocional, você não pode deixar nada inacabado no nível espiritual. Ou você trabalha o processo ou não. Ou dá os passos necessários, um de cada vez, para equilibrar sua realidade interna ou não. Ou se responsabiliza pelo que pensa, sente e como se comporta em resposta a seus pensamentos e sentimentos ou não. Se iniciar o processo e parar, o conflito vai permanecer e a dor pode aumentar. E se estiver consciente de que o processo espiritual é uma alternativa viável, mas decidir não aplicá-lo, o conflito e a dor irão *certamente* aumentar.

Uma das principais razões que impedem os homens de utilizar a energia espiritual para resolver dolorosos conflitos internos é que *não lhes ensinaram como fazer isso*. Não estamos falando de parar durante alguns minutos para rezar ou respirar fundo. Estas coisas ajudam, naturalmente, mas só atingem a superfície. Na verdade, muitos homens vão fazer apenas isso – respirar fundo, rezar e se considerarem espiritualizados. Chamo isso de "atalho espiritual". Fala-se de princípios espirituais, mas continua-se agindo a partir do fosso do ego.

Para viver a partir do nível de sua própria realidade espiritual, você tem de conhecer os *princípios espirituais* e querer aplicá-los. Eles são a chave para transformar a realidade nos níveis físico, mental e emocional. Estão no centro das ferramentas de poder aqui apresentadas e vão lhe dar a força, a coragem e a clareza para desaprender o que lhe ensinaram, à medida que reaprende a verdade de seu eu autêntico – seu eu espiritual.

Os homens gostam de ferramentas. Elas podem ser usadas para criar, construir, destruir e reconstruir. Quando os princípios espirituais são usados como ferramentas, eles podem nos ajudar a fazer todas essas coisas. Eles nos permitem criar uma nova realidade, uma nova forma de ser, oferecendo-nos um processo e um sistema de construção. Também nos ajudam a destruir antigas estruturas e paradigmas e a reconstruir o que se pode recuperar.

Como os princípios espirituais nos ajudam a reconstruir uma estrutura que nos permite viver de maneira mais pacífica, generosa e poderosa, eles são a chave para a liberdade. Eles nos libertam das paredes da prisão que construímos em nossos corações e mentes em resposta a todas as experiências que nos formaram e condicionaram. E das limitações que erguemos em nossa realidade física a partir da obediência aos ensinamentos e crenças daqueles que nos amaram o suficiente para nos ensinar *o que sabiam*, na tentativa de nos poupar da dor e do conflito pelos quais passaram. Os princípios espirituais nos dão o poder para destruir todos os conceitos e teorias que criaram e criam a dor e o conflito por que passamos e para reconstruir uma vida dentro de nosso eu.

Infelizmente, Phillip, como a maioria de nós, não sabia que tinha essa alternativa. Não sabia o que fazer ou como fazer. Vamos examinar o que teria acontecido se ele soubesse.

Phillip estava com raiva. A raiva normalmente explode. Phillip estava com raiva porque durante a maior parte de sua vida não se *sentiu* ouvido. Quando era criança, achava que o pai não se interessava em escutá-lo e que a mãe estava ocupada demais para isso. Quando Phillip queria a atenção dos pais, não bastava falar alto. Tinha de dar um ataque. Só assim chamava a atenção. Mas não adiantava: a atenção dos pais se concentrava *no que ele tinha feito*, e não no que estava tentando dizer com o seu comportamanto. Mas era a única maneira que Phillip conhecia para fazer os pais prestarem atenção no que ele tinha a dizer.

Já mais velho, ele usava a mesma estratégia nos relacionamentos. Quando achava que um amigo ou uma namorada não estava prestando atenção ou não ouvia o que ele dizia, dava um ataque, atirando e quebrando coisas. Mas, em todos os outros aspectos, Phillip era dócil. Talvez por isso as pessoas tolerassem seus exageros.

Por baixo da raiva de não ser ouvido, Phillip acreditava que *não era importante*. Embora houvesse uma parte dele – algo em seu interior – que sabia que aquilo não era verdade, nada segurava Phillip quando tomado pela raiva. Afinal, ele continuava a encontrar provas em sua realidade física de que não era importante para as pessoas por quem tinha afeto. Aquilo deixava Phillip furioso! O que ele *pensava* e o que *sentia* não tinham importância – já que as pessoas não o ouviam. Chegava a acreditar que o que *fazia* não desperta interesse. Ele *pensava* na sua nulidade, *sentia-a* e *acreditava nela.*

Quem pensava e sentia era *ele*, mas Phillip responsabilizava todas as outras pessoas. Isso é conseqüência do risco de ficarmos sozinhos com nossos pensamentos, sem as ferramentas adequadas. Phillip não via que precisava se responsabilizar por isso em vez de ficar jogando a culpa nos outros.

Phillip sabia que havia um grande conflito entre o que fazia e quem ele acreditava ser. Sabia que seu comportamento não era aceitável. Mesmo assim, nos momentos em que experimentava a intensidade de um conflito interno ou de sua raiva, decidia dar um ataque, pois esta era a sua forma de chamar a atenção.

O princípio espiritual, a ferramenta de força de que Phillip mais precisa é *responsabilidade.* Somente se controlar tal ferramenta ele compreenderá que tem uma *escolha* sobre o que faz; só então entenderá que pode escolher *não* fazer o que faz.

Phillip tem de aprender a se responsabilizar por seus pensamentos e sentimentos. Mas também tem de aprender a se responsabilizar, se quiser ser ouvido. Normalmente, os homens que acham que não são ouvidos deixam de dizer coisas que consideram importantes, porque *supõem* que ninguém vai ouvi-los. É um hábito iniciado na infância. Quando se tornam adultos, esperam que as pessoas leiam suas mentes, saibam o que querem dizer, mesmo quando não dizem nada!

Quando Phillip quer dizer algo, ele precisa primeiro ter certeza de que realmente vai expressar seu desejo. Para quem está acostumado a se manter calado, não é fácil. Ele pode falar simplesmente "Quero dizer uma coisa". Depois de falar, é responsabilidade de Phillip certificar-se de que foi ouvido. Isso não significa que a outra pessoa tenha de concordar com ele, ou mesmo aceitar o que disse. Significa que Philip é responsável por emitir a mensagem.

Como já disse, a responsabilidade está intimamente ligada à *escolha*. A reação de Phillip à sua crença de que não é ouvido é uma questão de escolha. Todos os nossos comportamentos, respostas e reações acontecem como resultado de escolhas. Todos, sem exceção. Há vezes em que o momento entre a escolha e a ação é tão pequeno – por exemplo, quando acreditamos correr perigo – que não nos damos conta de que estamos fazendo uma escolha. Mas, mesmo acreditando que nossas respostas são involuntárias, estamos sempre *escolhendo* nosso comportamento. O corpo não pode fazer nada sem uma clara determinação da mente. E a determinação mental é uma escolha.

As escolhas são apoiadas por nossas categorias mentais e emocionais geradas por nossa história de vida. Phillip aprendeu que dando ataques seria ouvido. Como achou que funcionava, escolheu esse comportamento como seu preferido.

Vamos ver como seria o plano de transformação de Phillip usando as ferramentas espirituais de escolha e responsabilidade.

Plano de transformação e ferramentas de poder

O que seria necessário para Phillip mudar? Muita coisa! Mas é necessário que ele use as ferramentas da consciência, do reconhecimento, da responsabilidade – esta é a mais importante para Phillip –, do perdão e do compromisso.

Consciência

Phillip precisa passar mais tempo com ele mesmo, tornando-se consciente de suas realidades mental e emocional. Depois, tem de examinar todos os elementos que *contribuíram* para essas realidades. Só quando tiver consciência desses mecanismos internos será capaz de mudá-los.

Reconhecimento

É uma ferramenta essencial no processo de transformação de Phillip. Uma vez consciente de suas realidades mental e emocional, ele precisa reconhecê-las todas as vezes que tiver o impulso de se fechar ou de dar um ataque. Precisa fazer isso diariamente, no trabalho, nos relacionamentos, em todas as áreas da sua vida. Manter um diário é uma forma de atingir este objetivo. Outra forma, talvez mais eficiente, é uma boa terapia.

Conscientizar-se dos elementos que contribuíram para suas realidades mental e emocional – pais, irmãos, colegas, professores, as experiências por que passou, etc. – pode trazer à tona lembranças dolorosas que devem ser encaradas de frente para serem reinterpretadas ou para que ele se livre delas.

Responsabilidade

Phillip precisa tornar-se plenamente responsável pela maneira como seus pensamentos e sentimentos motivam suas ações. Nesse ponto é fácil cair na armadilha de culpar os outros. Responsabilizar-se é exatamente o contrário. Assumir a responsabilidade significa reconhecer "Fiz isso porque senti que..." ou "Quando pensei aquilo, fiz tal coisa...". Mais uma vez, manter um diário é um excelente método particular e indolor para cumprir essa tarefa. Ou essas questões podem ser vistas e tratadas na terapia.

Perdão

Phillip tem de estar disposto a se perdoar pelas escolhas e ações que causaram mal a ele ou a outras pessoas. Esse perdão é sinal de que ele está assumindo responsabilidade por suas ações. Também tem de se dispor a perdoar-se pelos julgamentos que fez de outras pessoas. Como Phillip, estamos todos reagindo a nossas realidades internas. Se nossas reações nos colocam em situações difíceis, isso não significa que somos maus ou estamos errados. Significa apenas que temos de aprender como reagir a partir de um nível ou de uma realidade diferentes. Para aprender a fazer isso precisamos estar dispostos a *aceitar a responsabilidade* por nossas próprias realidades internas.

Perdoando a si mesmo, Phillip será mais capaz de descobrir o que deseja, como quer lidar com ele mesmo e como será sua experiência no mundo.

Compromisso

Depois de se perdoar, Phillip tem de saber o que quer para si, se está disposto e pronto para mudar seu comportamento. Se deseja ser ouvido, Phillip tem de se comprometer a dizer o que quer e se certificar de que a mensagem foi transmitida e recebida. Tem de se comprometer com ele mesmo para decidir como canalizar sua raiva de maneira mais construtiva do que vem fazendo. Tem de se comprometer a tentar ser educado, capaz de controlar a raiva, de ser calmo, agradável e respeitoso, independentemente do que os outros digam ou façam.

A partir desse compromisso, Phillip precisa respeitá-lo. Deve traçar um plano de ação para canalizar a raiva quando não se considerar ouvido. Tem de desenvolver meios para valorizar-se. Mais uma vez, a chave é responsabilidade: Phillip tem de se responsabilizar por se manter comprometido, não importando o que os outros digam ou façam.

Conhecer é ter liberdade de escolha

Nenhuma das coisas no plano de transformação de Phillip é fácil, mas todas são possíveis! A prática constrói a pessoa; a repetição consolida a prática. Se Phillip se comprometer a usar os princípios espirituais como ferramentas, se praticar as etapas do processo, vai vivenciar uma mudança interna que lhe oferecerá uma série de alternativas, em vez da única que conhece: o ataque.

A graça do Espírito vai torná-lo consciente dessas alternativas, e ele vai poder escolher o que for melhor para ele.

É preciso que Phillip saiba – e que nós saibamos – que um plano de transformação nunca é realizado de uma só vez. Mesmo se Phillip decidir tentar uma transformação, pode tropeçar no meio do caminho. Ele terá altos e baixos, avanços e recuos, e seu antigo padrão de atitude pode ressurgir. Nesse caso, ele terá de fazer um esforço para não desanimar e comprometer-se a recomeçar. Tudo isso será responsabilidade dele. E nossa quando nos dispusermos a usar as ferramentas espirituais para mudar.

Infelizmente, Phillip não estava disposto nem pronto para adotar um plano de transformação e começar o trabalho de reabilitação. Embora a namorada insistisse, ele dizia que era doloroso lidar com as antigas lembranças e que seu comportamento estava muito enraizado para mudar. Repetia "É assim que eu sou!", culpando os outros, transferindo-lhes a responsabilidade por seus pensamentos e sentimentos. Mas ele prometeu – como fizera muitas vezes ao longo dos anos – tentar se controlar.

Como as pessoas na vida de Phillip o amavam, elas aceitaram a promessa. A namorada acolheu-o de volta, prometendo não brigar mais com ele. O melhor amigo o ajudou a encontrar um emprego novo, pedindo-lhe para evitar problemas. A mãe assumiu a culpa do mau comportamento de Phillip, dizendo que deveria tê-lo punido mais na infância. No final, ninguém tinha ouvido o que Phillip estava dizendo, porque ninguém conseguiu perceber a *mensagem* que havia sob seu *comportamento*.

Mas talvez isso não seja o fim da história de Phillip. Da próxima vez em que ele reagir a um conflito sério, tendo um ataque, talvez sinta uma dor aguda que lhe dê vontade de mudar. Se isso acontecer, as ferramentas de poder vão ajudar a conduzi-lo à saúde espiritual e à plenitude.

Capítulo 4

Eddie
Construindo a musculatura espiritual

Eddie é o tipo de pessoa que prefere fazer as coisas para os outros a fazer para ele mesmo. Seu lema sempre foi "servir aos outros primeiro". Desde a infância preocupou-se em fazer o bem ao próximo. É assim que ele se sente valorizado: cuidando dos outros.

Eddie decidiu ser professor. Mais tarde, fez cursos complementares e se tornou um respeitado consultor em educação de nível médio. Nessa ocupação, está sempre resolvendo os problemas dos outros. Eddie é generoso, delicado e solícito. Seu problema é que jamais aprendeu a cuidar das próprias necessidades.

Por fora, Eddie é um santo – o tipo de homem que as mães adoram. Ele cresceu em uma casa sem alegria. A mãe trabalhava fora e estava sempre cansada demais para se ocupar da família. O amor era um luxo que ela não podia se dar. E o pai? Ausente. Quando Eddie tinha oito anos, o pai foi embora, prometendo voltar. Eddie e os irmãos estão esperando até hoje.

Eddie já se aproxima dos 50 anos e vem pensando muito a respeito de sua vida. Está no terceiro casamento. Tem quatro filhos, todos encaminhados; dois já concluíram a faculdade. O mais velho é casado e está construindo a própria família. Eddie se entristece ao ver os outros filhos repetirem seus erros da juventude, entrando e saindo de relacionamentos. Isso o faz sofrer.

Seu terceiro casamento é o que está durando mais tempo. A mulher também é educadora; quando se conheceram, ela era professora do ensino médio. Mas, quase sem que Eddie percebesse, sua mulher o ultrapassou em termos de realizações financeiras e profissionais. Ele mal se deu conta quando ela foi eleita para o conselho escolar local. Nem prestou muita atenção quando a escolheram para *chefiar* o grupo. Mas foi impossível ignorar sua indicação pelo governador (ou seu salário) para uma força-tarefa especial de educação. Lá estava ela nos jornais e na televisão.

No dia seguinte, um artigo de primeira página no jornal local dizia que ela era casada com um consultor em educação. Consultor em educação? Isso era *tudo* o que ele era: um marido menos competente e economicamente inferior de uma mulher importante e poderosa que no campo da educação tinha alcançado muito mais sucesso financeiro e profissional do que ele. Ultimamente ela o vinha desafiando a cuidar de si mesmo. Isso levou Eddie a uma crise.

Na volta da solenidade em que foi homenageada, a mulher começou a dizer que ele não contribuía suficientemente para o orçamento, que seu guarda-roupa não era adequado, que seu carro estava caindo aos pedaços. Ela estava economizando para pagar a faculdade dos netos *dela*, e ele nada tinha para oferecer aos *dele*. E dependia dela para o sustento da família.

Eddie jamais se sentira competindo com a mulher, mas de repente se viu numa batalha em que era perdedor. A verdade é que ele *depende* dela financeira e emocionalmente. Ele *precisa* dela em todos os níveis.

Em vez de lidar com isso, ele começou a reclamar:

– O seu trabalho, as suas viagens, a sua fama estão destruindo nosso relacionamento.

– Como assim? – a mulher perguntou.

Isso era tudo de que Eddie precisava. Passou a criticá-la, fazendo considerações depreciativas:

– Você nunca está em casa. Não liga mais para a família. Só quer fama e poder. Esquece completamente dos outros.

A mulher não se importou muito, porque percebia claramente a inveja de Eddie, mas gostaria de um pouco mais de reconhecimento. Que diabo, ela tinha dado um duro danado para conquistar tudo aquilo.

– Você poderia ter conquistado mais, se não tivesse se acomodado – ela disse de uma forma um pouco mais áspera do que pretendia.

– Não, não poderia – ele contestou. – Você só conseguiu a promoção porque é mulher.

E a disputa prosseguiu, prenunciando uma crise no casamento.

Eddie também sofre ao ver os filhos com dificuldades na vida e nos relacionamentos. Eles lhe pedem um apoio que ele não pode dar. O mais velho precisa de ajuda para comprar a primeira casa, mas Eddie não tem reservas para ajudar. A mais nova tem problemas com o namorado, mas ele não consegue lhe dar conselhos. Depois de tantos anos ajudando a todos, ajudando os filhos dos outros, ele não consegue auxiliar os próprios filhos! É duro admitir, mas Eddie nada tem a oferecer a eles – seja no campo financeiro, emocional ou profissional.

O que ele faz? Culpa a *mulher* e a critica, quando de fato o que pensa é "Não sou bom como você" e "Se nós fazemos a mesma coisa, como você progrediu, e eu não?". Embora responsabilize a mulher, ele sabe, em algum nível, que a culpa não é dela. Mas a raiva e o sentimento de inferioridade o tornam ao mesmo tempo passivo e agressivo.

Falando com o homem no espelho

Eddie me faz lembrar meu ex-marido, que não era má pessoa, mas tinha maus hábitos. O pior de todos era o pessimismo, sempre esperando o pior, procurando agradar aos outros, buscando a aprovação deles e culpando-os pelo que não conseguia fazer.

Ele desenvolveu esses hábitos num contexto que não valorizava sua real identidade interior, que o julgava pelo que fazia e pelo que os outros pensavam dele. Desenvolveu-os em um lar onde a mãe o intimidava para mantê-lo submisso, transmitindo-lhe a crença de que a submissão é a única forma de vencer na vida. Aprendeu esses hábitos em um sistema educacional distorcido e desonesto.

Foi isso o que a sociedade ensinou a meu marido, e foi dessa forma que ele consolidou seus hábitos. Infelizmente, essa mesma sociedade se esqueceu de lhe dizer que seu poder *real* estava adormecido em sua alma.

Eddie passa por um problema semelhante. Neste mundo onde confundimos nossa natureza real – nosso "ser" – com nossa ocupação – nosso "fazer" –, homens como Eddie e meu ex-marido ficam perdidos. Eddie perdeu sua identidade, sua capacidade espiritual. Como passou a vida adquirindo seu poder ao cuidar de outras pessoas – e não entrando em contato com seu eu espiritual –, quando chegou a hora de cuidar dele mesmo, não tinha nem equilíbrio, nem senso do próprio valor.

O problema se torna mais claro quando percebemos que Eddie cuida mais dos outros do que dele mesmo, porque, num nível mais profundo, não sente que *mereça* cuidados. Não acha que tem *valor*. Talvez porque seu pai prometeu voltar e não voltou; talvez porque sua mãe fosse ocupada demais para conhecê-lo. Como e por que isso aconteceu não importa agora, pois ele tem quase 50 anos. O que *realmente* importa é ele ter passado a vida toda dando aos outros o que ninguém – nem ele mesmo – foi capaz de lhe dar.

No entanto, algumas pessoas, inclusive suas mulheres, tentaram, mas ele não aceitou. Agradeceu e disse que não precisava de ajuda. Agora avaliando o passado e o presente, ele conclui que dedicou a vida aos outros e que nada tem para mostrar. Isso lhe dá raiva e o deixa triste, muito triste.

No entanto, Eddie é um homem que se realizou, que deu duro, que fez coisas admiráveis. A questão é que *ele* não se valoriza, apesar de ter trabalhado tanto para provar seu valor. Agora está exausto.

O problema de Eddie é a falta de equilíbrio entre o interior e o exterior, o espiritual e o material, o verdadeiro poder e a impotência. A mesma questão está no centro do problema da maioria dos homens.

Todos nós, homens e mulheres, perdemos o equilíbrio, como Eddie. Os homens trocaram o coração pela razão. As mulheres fizeram o contrário. Todos nós abandonamos a graça do Espírito. Fomos condicionados a honrar um sistema de valores que despreza e desrespeita o que somos essencialmente.

Como resultado, ficamos em conflito com nossa própria natureza básica. Os homens que instintivamente querem permanecer como líderes freqüentemente morrem de medo de ser aniquilados. As mulheres que querem se aproximar ou aplaudir seus pares masculinos muitas vezes são pisoteadas ou jogadas fora, acusadas exatamente por aqueles a quem desejam ajudar de estarem tentando assumir o controle. Embora nossa natureza básica seja acolher e apoiar uns aos outros em nosso caminho rumo a um objetivo, fomos condicionados a competir entre nós. Tratamos nossos pares como adversários, não como aliados. Com toda a honestidade, pude reconhecer várias vezes e de muitas maneiras minha responsabilidade nesse tipo de comportamento.

A natureza instintiva da mulher é dar e dividir, mas nosso condicionamento nos leva a ver cobiça e manipulação em cada esquina. Os homens gostam de que as mulheres se ocupem deles e os protejam, mas desconfiam que as mulheres protetoras estejam tentando dominar a situação para ter o controle. O instinto básico humano de cuidado e amor muitas vezes é encoberto por necessidades do ego, pela preocupação em construir a própria imagem e pela pressão dos colegas. Enquanto alguns pais ensinam "Não façam aos outros o que não gostariam que fizessem a vocês" e "Amem o próximo", o mundo nos diz "Cada um por si". O medo de perder o lugar ocupou o espaço da fé. A necessidade de doar sem egoísmo foi encoberta pela compulsão de ter. Ao invés de usar as coisas para ajudar e servir as pessoas, a sociedade nos ensina a usar as pessoas para obter coisas. Nesse processo, perdemos uma peça vital de nossa alma espiritual. A recuperação do que perdemos e o reequilíbrio da desarmonia que sentimos são fundamentais para todos nós.

No universo espiritual, estamos chegando a um ponto crítico. Vivemos numa época em que a energia espiritual e o papel do homem estão mudando rapidamente. É preciso que os homens sejam calorosos. Que encarem as mulheres sem medo, raiva ou competição.

Eddie esqueceu quem era – sua essência espiritual – ao desistir de tudo o que tinha, esperando que a aprovação dos outros o tornasse pleno, estimado, importante. Como não tinha contato com a própria essência, assim que encarou o que entendeu como competição tornou-se amedrontado e agressivo. Sentindo-se inferior, fez o que lhe ensinaram: desprezou e combateu o que os outros tinham, para não ter a sensação de estar com as mãos tão vazias. Para não se sentir inferior à mulher, acusou-a. Isso não é equilíbrio. É um jogo sem vencedor em que um competidor tenta anular o outro.

Naturalmente, Eddie não tinha consciência disso. Achava que estava dando à mulher o que ela merecia por ter se afastado, por tê-lo ofuscado, fazendo-o sentir-se inferior. Quando nossa vida não é equilibrada, nosso valor é medido pelo que *fazemos* – não pelo que *somos*.

A falta de valor lhe diz: "Não sou importante, as outras pessoas são muito mais importantes do que eu." E afirma também: "Provo minha importância mostrando aos outros como eles são importantes."

Mas, se você, como Eddie, só tomar conta dos outros, aos 50 anos não terá sua própria casa nem o que dar a seus filhos e netos. Vai se lembrar do que fez por aqueles que progrediram, enquanto você só tem sapatos gastos e um carro velho. Não tomou conta de si mesmo e nada restou do que fez pelos outros. Com certeza isso lhe deu prazer e satisfação interna, mas não esconde a realidade de que você tem 50 anos e a sensação de não servir para nada.

Então, você está de pé na frente do espelho e pergunta: "Como posso saber que não me valorizo?" E recebe a resposta: "Quando você só se sente bem ao fazer algo pelos outros. Quando está cheio de ressentimento porque seus companheiros de trabalho são promovidos, elogiados, reconhecidos. Quando pensa que não merece conforto material pelo que fez. Quando se vende por nada e fica com muita raiva disso."

Não é um sentimento confortável nem saudável. Qualquer um que esteja nessa situação é vítima de medo e de raiva.

Plano de transformação e ferramentas de poder

Temos pena de Eddie porque ele é realmente uma boa pessoa. Mas agora está cheio de problemas, triste, cada vez com mais raiva, o que começa a envenenar a relação com ele mesmo, com a mulher e com os filhos.

A transformação aqui é complicada, porque basicamente o que Eddie precisa é de equilíbrio espiritual entre o que é e o que faz, entre seu verdadeiro eu e a função que tem na vida. O que ele faz tem de fluir de quem ele é como pessoa. Eddie precisa deixar de se dedicar tanto aos outros para esconder o medo de não ter valor, de nada merecer.

Eddie se sente uma vítima. As três primeiras ferramentas de poder de que precisa são consciência, reconhecimento e aceitação. Depois tem de acrescentar ação e quietude à sua mala de ferramentas.

Consciência

A consciência é a capacidade de identificar e controlar o espírito da verdade. No caso de Eddie, significa que ele vai ter de perceber que precisa construir internamente a própria força e o próprio valor. E descobrir a direção que quer tomar, em vez de ficar ensinando os outros a encontrarem o caminho. Dar isso para ele mesmo.

A consciência fortalece a faculdade da crença, que é do que Eddie necessita neste momento – crer nele mesmo.

Antes de tudo, ele precisa se colocar em primeiro lugar. Pode parecer egoísmo, mas não é, porque você não pode dar o que não tem. Se você se coloca em primeiro lugar, estará mais capaz de cuidar de si. Não vai precisar dos outros para compensar o que você não pode dar a si mesmo. Quanto mais cuidar de si, melhor vai se sentir em relação a todos – inclusive a você mesmo. Tem de fazer o que o faz se sentir bem sem depender de ninguém. Tem de encontrar a forma – que será diferente para cada pessoa – de se colocar no centro sem deixar de dar atenção aos outros.

Reconhecimento

Reconhecimento é *ação*. É uma demonstração concreta da sua disposição de aceitar a verdade como um princípio ativo. Reconhecer significa tomar posse do que é seu sem depender dos julgamentos alheios. É introduzir a divina energia curativa nos acontecimentos da vida. É fortalecer um sentido de liberdade e independência. O reconhecimento trata de tomar posse da verdade, e é disso que Eddie precisa.

Reconheça que suas necessidades são tão importantes quanto as dos outros. E perceba o desequilíbrio que está acontecendo. Quando estiver fazendo algo pelos outros, se não tiver feito por você mesmo, pare e faça.

Para isso, Eddie tem de deixar de se comparar com a mulher. Não se trata dela. Tudo o que ela fez foi dirigir um holofote para a desvalorização e o desequilíbrio dele.

Não se compare com os outros. Não é possível combinar seu interior com o exterior dos outros. Não compare o ponto em que está com aquele onde os outros se encontram. Ao fazer isso, vai se sentir inferior, e a comparação o impedirá de ouvir, pensar ou ver claramente.

Em vez de comparar, faça uma avaliação honesta do ponto em que se encontra na vida. Olhe para o seu lado da rua, não para o dos outros. Veja o que fez com sua energia e seu talento (e por que fez). Se Eddie olhar para a própria vida, verá que fez coisas ótimas para muitas pessoas – menos para ele mesmo. Precisa reconhecer essa realidade antes de seguir em frente. Eddie tem de reconhecer que o problema é *só* dele. E para isso precisa ser humilde.

Aceitação

A aceitação é maravilhosa porque promove uma libertação psicológica de crenças e pensamentos. Todos nós contamos aos outros e a nós mesmos histórias sobre o que somos, o que fazemos e por que fazemos, e nossas histórias são apenas isso – histórias. "Eu fiz isso porque...", "Sou assim porque...", "Tal coisa me aconteceu porque...", "Não tenho isso porque...". São histórias que contamos a nós mesmos sobre uma realidade que imaginamos.

Para Eddie, aceitar a realidade é o princípio espiritual mais importante. Se reconhecer o poder da verdade – da verdade *real*, não da verdade que ele desenhou para si –, não vai se sentir vítima da esposa exigente nem um pai imprestável que não consegue ajudar os filhos.

A aceitação facilita a transformação. Submete o ego, que – no caso do Eddie – grita para ele que tudo é injusto e que os outros são culpados por ele não ser reconhecido e recompensado. Se Eddie puder aceitar que é *ele* quem deve organizar a própria vida para obter recompensas, e se puder aceitar que o problema não é a mulher ou qualquer outra pessoa, sua atitude e sua consciência vão mudar.

Aceitar significa encontrar um meio de estar bem onde se está, seja você quem for. Se continuar a desafiar a realidade, contando histórias para você mesmo, vai ficar deprimido pelo resto da vida, cheio de raiva e ressentimento. Quando alcançar a aceitação, esses sentimentos vão desaparecer.

Não fique inventando histórias para você mesmo!

Colocar em ação

É muito simples: colocar em ação vai ajudar Eddie. Começar a fazer imediatamente um fundo – por pequeno que seja – para pagar a faculdade dos netos, por exemplo, e levantar um empréstimo razoável para ajudar o filho são coisas que vão ajudar Eddie a sair do lugar tudo-ou-nada onde se encontra. Do jeito como vê as coisas agora, ou ele é tudo para todas as pessoas ou é rigorosamente nada. Colocar em ação, dar pequenos passos aqui e ali, vai abrir os olhos de Eddie para ver que tem muito mais escolhas do que pensa. Os quacres dizem: "Quando rezar, mexa os pés." Eddie tem de fazer um pequeno movimento para receber uma enorme recompensa: o respeito por ele mesmo.

Quietude

A quietude é a presença e a atividade de Deus em você e a disponibilidade de entregar tudo o que você é a esta presença. A quietude é extremamente importante para Eddie, porque vai levá-lo à presença de Deus.

Muitos experimentam a quietude no começo da manhã, antes que o dia fique agitado. Mas podemos (e devemos) praticar a quietude em outros momentos, entrando em um estado de serenidade e unidade com o universo e com nosso próprio eu.

Como conseguir ficar em quietude no caos que é o mundo de hoje? A respiração consciente e a meditação aquietam a mente. Concentrar-se no *ser* em vez de no *fazer* resulta na quietude do nosso ego, que alimenta o medo, a dúvida, a raiva e a necessidade de controlar. Procurar viver o agora, abandonando remorsos passados e medos do futuro, resulta em quietude.

Eddie tem necessidade de quietude porque precisa se tornar maior do que a situação presente, em que se sente inferior a todos – especialmente à sua mulher. Brigar com a mulher pode dar um alívio momentâneo, mas ele se arrepende depois que a raiva passa; no fundo, Eddie sabe que o problema é *dele*. Na quietude e através da respiração controlada, ele pode se acalmar o suficiente para ouvir que há uma resposta para seu problema de inadequação e incompetência. Num estado de calma ele pode eliminar a necessidade de se manter no controle e ganhar o sentido da plenitude. E, aceitando-se tal como é nessa plenitude, ficará equilibrado.

Conhecimento é igual a liberdade de escolha

Eddie tem de se tornar confiante, autêntico e seguro antes de ser produtivo em qualquer profissão. Um homem pode ser professor, pastor, assistente social, mas, se exerce qualquer uma dessas profissões porque acha que só tem valor quando auxilia o próximo, está destinado a enfrentar problemas. Sua motivação não lhe trará recompensas.

Eddie tem de se desligar do resultado de sua ajuda aos outros. Ele se sentia poderoso ao ver o que as pessoas obtinham com sua ajuda. Mas, agora que a mulher o superou, ele se sente de novo impotente e desequilibrado.

A boa notícia para Eddie é que todos nós recebemos a capacidade de nos controlar. Você também. Como vimos na introdução deste livro, o controle decorre de sua conexão com o Criador, com o Espírito. Quanto maior sua consciência, quanto mais você reconhece e aceita sua verdadeira identidade, mais está conectado ao Espírito. Se permitir essa conexão, o Espírito vai mostrar que você pode ser completo em si mesmo se entregar-se à sua verdadeira natureza.

O domínio espiritual, como já disse, é o processo de se tornar consciente e responsável pelo que você faz em qualquer situação. Exige consciência e adesão aos princípios espirituais para que estes motivem todas as suas ações. Os fatores que motivam Eddie são aprovação e reconhecimento, e não os princípios espirituais que fariam dele um homem completo. Quando tomar consciência disso, poderá reconhecer o momento em que o ego estiver no controle e será capaz de substituí-lo pelo Espírito.

A quietude e a respiração consciente ajudam a dominar o ego e a ligar a energia do eu físico à do eu espiritual. Essa união de energias cria um equilíbrio entre as duas. Quando falta equilíbrio, o ego reage a qualquer ameaça ao seu controle, dando um ataque (um soco na parede ou um grito com a namorada). Como a quietude e a respiração consciente infundem energia no corpo, podem dominar o ego e permitir o domínio espiritual dos problemas quando você perder o equilíbrio.

É da natureza humana responder às exigências do ego. Mas o domínio espiritual faz com que você assuma o controle de qualquer situação e se torne capaz de dizer para a sua raiva: "Ei, espere! Sou *eu* quem controla. Fique quieta aí, não se mexa. Vou dar um jeito em você."

A cultura contemporânea quer que você obedeça às exigências do ego. E o ego faz você arrasar alguém para poder sobressair. Mas pare. Respire. Você não precisa dizer a primeira palavra destrutiva que passa na sua cabeça. Mesmo porque palavras e atos destrutivos só fazem você se sentir menor.

Eddie pode parar sua espiral descendente. Pode escolher se tornar consciente, reconhecer o que o está controlando – aquele sentimento fora do alinhamento, aquele sentimento de vazio, aquela total desvalorização. Ele pode aceitar que isso é o que ele está sentindo e então ficar quieto, inspirando e expirando. Pode reconhecer sua plenitude aos olhos do Divino e iniciar a ação certa a partir desse momento. Há um velho ditado que diz:

Comece de onde está.
Faça o que pode fazer de modo delicado.
Caminhe com a fé.
Espere que Deus ajude.

Você não tem de fazer tudo, e não tem de fazer sozinho

Reconheça que você pode usar as ferramentas de poder a fim de mudar sua maneira de viver com mais liberdade para fazer escolhas melhores. Se você se reconheceu em Eddie, pare agora mesmo. Escolha bem suas ferramentas e use-as de forma consistente.

Se você tem um Eddie na sua vida, não faça por ele o que *ele* tem de fazer. Não compre o carro novo, as roupas bonitas, nem pague o presente dos filhos dele. Esse tipo de "ajuda" só aumenta o sentimento de que ele não é capaz de prover o que deseja e o que precisa. Isso não o ajuda a ser capaz de tomar conta dele mesmo.

Infelizmente, a história de Eddie não tem um final feliz – pelo menos por enquanto. Ele está neste momento paralisado demais para conseguir sair de seu estado de competitividade e raiva. Não tem como se libertar para buscar uma solução. Não está disposto a reconhecer por que se ressente ao estar sendo eclipsado pela mulher. Seu relacionamento, que poderia ser salvo, está perdido. Ele não consegue aceitar a ajuda divina para se tornar equilibrado e completo.

Talvez um dia eu possa lhe contar que Eddie fez o que tinha de fazer para mudar. As soluções, as ferramentas de poder para o domínio espiritual, estão à disposição dele agora, como sempre estiveram. Talvez perdendo a mulher e vendo que *ainda* não é capaz de ajudar os filhos, Eddie se disponha a trabalhar para melhorar. Não sei. Só o Espírito sabe.

CAPÍTULO 5

Gabriel
Nem todos os homens são machistas

Quantos pais dizem a seus filhos para fazer uma determinada coisa de uma determinada maneira porque acham que sabem tudo? Quantas mães dizem aos filhos para não se comportar de determinado modo porque (como elas gostam de destacar) elas, as mães, têm o dom de prever o que pode acontecer? Quantas vezes *você* agiu ou deixou de agir porque sabia o que iria acontecer? Quantas vezes deu conselhos ou tentou impedir alguém de fazer alguma coisa por temer as conseqüências?

A mãe de Gabriel o impediu de ser o que ele queria ser porque achava que nada de bom poderia vir de coisas que *ela* não tinha visto ou experimentado.

Ao invés de se rebelar, Gabriel se deixou levar. Sempre foi o tipo de rapaz que as moças acham "legal". Não é uma pessoa que se destaque, é um homem comum que se empenha em ser agradável. Concluiu o ensino médio e a faculdade, mas não foi um aluno brilhante nem praticou esportes. Agora tem um emprego decente na área de contabilidade, mas nada além disso.

Gabriel teve algumas poucas namoradas durante a escola, mas nada "firme". Namora uma moça há oito anos, mas não é uma relação sólida; na verdade, os dois saem com freqüência com outras pessoas.

Agora, sentindo-se extremamente insatisfeito, Gabriel se

pergunta em tom crítico: "O que estou fazendo aqui? Quem sou eu?" Um cara legal?

A mãe não lhe dá trégua: "Você não é grande coisa. Não está agindo certo. Por que não casou? Por que não tem filhos? Você já está com mais de 30 anos, por que não consegue ter um relacionamento que funcione? Não tem planos para melhorar? Você não faz *nada* certo!"

Certamente é isso o que ele sente também, especialmente em relação ao mundo feminino. Encontrou mulheres que queriam mais do que ele tem ou está disposto a oferecer. Por isso, não se atreve a se aproximar de mulheres que classifica de *interessantes* – as que têm alguma coisa para oferecer *a ele*. Gabriel parece não imaginar como conseguir a "qualidade" que ele pensa que as mulheres gostariam de encontrar nele.

Seu irmão tem essa qualidade. Na verdade, parece ter todas. Ele é casado, tem casa, carro, filhos. Sai de férias. No Caribe. Gabriel acha a cunhada um pouco chata e não aprova a maneira como o irmão a trata – eles discutem, brigam. Ele tem casos. Mas Gabriel está tentando ter apenas *um* relacionamento firme e sólido. Ele é um bom cidadão, uma pessoa "legal". É bom que todos saibam que ele é o contador em uma empresa de laticínios. Que LEGAL!

Gabriel sente que sua vida não tem muita importância. Gabriel e a namorada levam vidas separadas. E ele gosta de sair com as mulheres que conhece no trabalho. Mas agora a namorada o colocou contra a parede. Ele não sabe o que fazer, não tem certeza do que sente por ela.

A namorada quer dominá-lo. Quase sempre os dois fazem o que *ela* quer e vão aonde *ela* quer. Ela está sempre cobrando: "Por que você fica nesse emprego? Por que não usa roupas mais modernas?" Ele se sente intimidado pela namorada e desmoralizado pela mãe. Então reproduz com a namorada o que faz com a mãe: sempre tenta provar que a ama ou procura fazer com que ela se orgulhe dele.

Mas agora a namorada quer casar! Ele não sabe se quer se casar com ela, porque, lá no fundo, acha que pode arrumar coisa melhor. Mas ela é tudo o que ele *conseguiu*. Não me admira que esteja acontecendo uma crise!

Gabriel ainda se sente rejeitado, como se não tivesse nada a oferecer a qualquer pessoa. Com a cabeça entre as mãos, ele se pergunta: "O que há de errado comigo? Ganho bem. Sou uma pessoa decente. Não estou fazendo nada de especial, mas não estou fazendo nenhuma besteira." Seu problema não tem muito a ver com quem ele é para o mundo externo; trata-se de uma questão interna. Ele não consegue se sentir bem apenas estando bem.

Gabriel era "um cara legal" até começar a examinar sua vida. Agora ele oscila entre a raiva e a depressão. Fica rodando pela casa, imaginando o que fazer com o ultimato da namorada.

A verdade é que a namorada o manipula como uma marionete, obrigando-o a fazer o que ela quer. Gabriel suspeita disso, mas se sente num beco sem saída. Não tem força para dizer "Não vou fazer isso" nem coragem de afirmar "Vou fazer aquilo". A namorada vai continuar a dominá-lo até ele ter coragem e força para se defender.

Em algum nível ele sabe o que ela está fazendo. A questão passa a ser o que *ele* quer – aí está o problema. Gabriel sempre fez o que a *mãe* queria. Foi como ele conseguiu identidade e aprovação. Mas agora ele não sabe o que pensa a respeito da própria vida. O resultado é um homem deprimido e fraco que não se sente adequado no trabalho e nos relacionamentos.

O problema de Gabriel é que ele não se dá valor. Quando olha para o irmão mais velho, vê um homem que consegue mandar a mulher para as Bahamas. Peter sabe marcar seu lugar! Ele tem outras mulheres quando quer e confronta a mulher quando não estão de acordo. Ocupa o tempo dirigindo a Liga de Futebol Infantil, mas também pode ir a uma luta de boxe com os amigos, se quiser.

Gabriel não tem *nada* disso. Tem seu trabalho, do qual gosta bastante e que lhe rende um bom salário. Tem essa namorada de quem gosta, mas por quem não é apaixonado. Mas não tem qualquer poupança; não tem casa nem filhos, e de qualquer forma não teria dinheiro para sustentá-los. Pode tomar conta de si mesmo e de suas pequenas necessidades. Mas não tem como bancar uma viagem para a mãe!

Falando com o homem no espelho

Quando Gabriel se olha no espelho, vê um homem de trinta e poucos anos, sem nada para mostrar a si mesmo. Ele fez tudo certo, mas não certo o *bastante*. Ele se sente bem, mas não bem o *bastante*. Está numa encruzilhada: "Quem sou? O que está acontecendo?"

Se ele quer que as coisas mudem, vai ter de agir, queira ou não. Ele é tipicamente passivo, especialmente quando duvida dele mesmo. "Talvez melhor seja impossível", ele pensa, deixando as coisas como estão. Uma parte dele acredita que tem direito a algo melhor. Mas não sabe como conseguir.

O que realmente está acontecendo com Gabriel é que ele jamais achou seu eu verdadeiro. Fez as coisas certas pelas razões erradas. Quando criança, queria ser veterinário, mas achava que não ia conseguir. Afinal, sua mãe lhe dissera: "Não perca tempo estudando. Arrume um emprego. Você não é o crânio da família." Esta característica era naturalmente do irmão, que se tornou um bem-sucedido corretor de imóveis.

Tudo que Gabriel vê – tudo que sempre viu –, quando quer definir sucesso, é Peter. Seu irmão conhece muita gente, faz coisas importantes, detém o controle, tem poder. E seu trabalho lhe traz recompensas. Peter sempre fala da comissão recebida em alguma venda. Foi assim que pagou uma viagem de férias para a mãe. Foi assim que comprou um carro para ele, outro para a mulher. Num mundo em que os homens machos são os que têm mais dinheiro, num mundo em que o poder se mede por mulheres e bens, Gabriel é apenas uma sombra do homem que o irmão é.

Mas Gabriel está se sentindo desafiado. Começou a entender que nunca enfrenta as coisas *dentro* dele para ajudar a *ele* mesmo. Ficou sempre tão ocupado em fazer a mãe feliz, em manter-se bem no emprego, em agradar à namorada (mesmo sem ter certeza de que ela seja a pessoa certa!), que nunca fez nada para si.

Agora ele vê o resto da vida à sua frente e pensa: "Não gosto disso. Não sou assim. Não é o que eu quero." Mas a perspectiva de abandonar o que tem faz Gabriel temer o futuro desconhecido e se perguntar se conseguirá lidar com ele.

O fato é que Gabriel não ultrapassou seus 19 anos, época em que tinha um relacionamento sufocante com a mãe viúva. O pai fora um homem quieto e passivo, embora Gabriel percebesse nele uma raiva que extravasava em poucas ocasiões. O pai morreu de ataque cardíaco quando Gabriel era adolescente. Depois disso, o jovem achou que tinha de tomar conta da mãe, fazer o que ela quisesse, deixá-la orgulhosa, assumir o lugar do pai. Era uma tarefa dura, porque o pai sustentava a família, cuidava de todos, mas não tinha voz. Tal como Gabriel.

Por sufocar as emoções, o pai de Gabriel teve um ataque cardíaco. O filho vai pelo mesmo caminho se não tiver coragem para ver as coisas *dentro* dele. Tem de libertar-se da desilusão e da depressão, porque esses sentimentos prendem a energia, o combustível necessário para impulsionar Gabriel.

Para administrar essas emoções, Gabriel precisa se aceitar. Precisa de coragem e de muita confiança. Para se libertar, ele tem de encarar questões como "Será que eu poderia cursar veterinária a esta altura da vida?".

Digo a ele: "Vá descobrir!" Aos 35 anos, largue a barra da saia da mamãe e vá descobrir se tem coragem para desconstruir e reconstruir a vida, baseado na capacidade de se permitir fazer o que *você* quer e ser quem *você* é.

Gabriel não tem de provar para a mãe que a ama. Ou que é como o pai. O que tem de fazer é sentar-se no meio de toda a sua depressão e se dar conta de que está entrando num buraco. A depressão é isso!

O que está empurrando Gabriel para baixo é a raiva reprimida – raiva que ele mal sabe que tem. Sente raiva da namorada porque ela está forçando o casamento; dele mesmo porque não tem coragem de confrontar a mãe e a namorada e por sua ambivalência em relação ao irmão. Admira Peter, mas também o despreza, porque aquele modelo de macho não é o que ele é. Ele não é mulherengo, não é o corretor poderoso.

Mas qual é o modelo para o homem mais gentil, mais suave e bondoso? Que modelo é esse? Certamente não é seu pai. Gabriel não tinha um modelo. Porque o homem gentil, suave e bondoso que nunca enfrentou a mulher exigente morrera de ataque cardíaco. Agora, o gentil, suave e bondoso Gabriel que não enfrenta a namorada dominadora está sendo abandonado por ela. Ele sabe que ela o manipula, e isso lhe dá raiva dele mesmo, do mundo, das mulheres e dos homens – ele sente muita raiva. Mas como não encontrou sua voz, como não sabe expressar da maneira correta tudo o que sente e pensa, o resultado é desilusão: "Fiz tudo certo pelas razões erradas. Sou um homem decente, e ninguém aprecia isso."

Gabriel tem de ver que é impotente em relação a essas mulheres. Ele se diz: "Elas medem meu valor pelo que eu *faço*, não pelo meu *caráter*." A percepção de que o que ele *faz* não é quem ele *é* só espera que Gabriel use as ferramentas certas para ficar clara.

Plano de transformação e ferramentas de poder

Gabriel está sofrendo com o que ele e a sociedade consideram uma certa falta de virilidade. Ele não é macho como Peter; é mais suave e gentil. Em nossa cultura, suavidade tem a conotação de falta de masculinidade.

O que Gabriel pode fazer para se sentir mais adequado no mundo, mais confortável? Numa sociedade em que um homem de sucesso se parece mais com Peter do que com Gabriel, ele precisa mudar para ficar adequado? Não. A transformação é necessária, mas o que precisa mudar é *como* Gabriel se sente a respeito dele mesmo. Tem de passar do lugar em que as pessoas o julgam insuficiente para um lugar onde saiba que ele é exatamente como o Espírito determinou que fosse. Sua tarefa – a tarefa de *todos* os homens – é divinizar seus talentos e propósitos para se sentir completo exatamente como é.

As ferramentas espirituais de poder – especialmente consciência, reconhecimento e compreensão – vão ajudá-lo a mudar sua atitude mental e sua auto-imagem.

Consciência

A primeira ferramenta de poder de Gabriel – consciência – envolve uma séria reflexão. Em seminários, peço que os participantes se olhem num espelho e digam o que estão vendo. Quase sempre eles alisam as sobrancelhas, arrumam o cabelo ou procuram espinhas no rosto. Os que conseguem se olhar – e não são todos! – têm duas reações: desviam logo os olhos ou choram.

Não nos ensinaram a olhar com calma para nós mesmos, a estar com nós mesmos. Somos condicionados a dourar a pílula, a sairmos bem na fotografia. Quando vemos (ou, mais importante, *sentimos*) a energia de quem somos e de como somos, ficamos desconfortáveis. "Os olhos são o espelho da alma", diz um velho ditado. Também são a principal conexão com a mente. Então, o primeiro passo em direção ao poder pessoal é a capacidade de se ver e se conectar com você mesmo. Dessa forma, reconhece quem é e começa o desenvolvimento da mente espiritual.

Para que Gabriel mude sua vida, ele precisa primeiro se olhar profundamente naquele espelho. Olhar sem medo, para achar o lugar onde se perdeu. Foi aos 19 anos, quando resolveu trabalhar e não se preparar para fazer veterinária? Ou foi mais cedo, quando levou a filha da amiga de sua mãe ao baile de formatura, e não a garota que ele queria? Ou foi nas duas vezes e em outras também? Onde exatamente ele se perdeu?

Descobrindo isso, Gabriel precisa se permitir voltar ao passado, examinar suas escolhas e fazer as pazes com elas. Então tem de investir no próprio sonho.

Reconhecimento

O reconhecimento é a chave para a transformação de Gabriel. Ele tem de reconhecer seus sentimentos, sobretudo o de não ser "bom o bastante". Tem de reconhecer os compromissos que assumiu, desrespeitando-se. Tem de reconhecer as vezes em que, no relacionamento com a mãe e com as outras mulheres, não fez as coisas que *realmente* desejava para si.

Além disso, tem de se dar conta daquilo que conseguiu por não ter querido correr riscos. Não correu o risco de desapontar ou aborrecer os outros – especialmente a mãe. Nesse processo inconsciente, ele se perdeu. Engoliu sua voz e se separou do seu verdadeiro eu. Parou de ser visto pelo que era e se tornou visível apenas por sua submissão.

Na verdade, a submissão é tão visível que esconde completamente sua raiva – uma raiva que maltrata porque Gabriel se sente preso numa armadilha, controlado pelos outros, impotente para mudar o curso de sua vida. Agora ele precisa reconhecer a raiva e trabalhar para lidar com ela de forma adequada.

Gabriel está preso pelas preocupações do ego – como a raiva –, e isso é um problema, porque o ego e a vontade humana (que se desenvolvem em resposta a experiências e julgamentos a respeito das experiências) não estão alinhados com a lei universal. A vontade e o ego estão centrados na maneira como as coisas "parecem" ser, que é apenas uma parte do que elas realmente são. Criam conflito na mente, alimentando o eu emocional com medo, raiva, depressão e outros sentimentos como inveja, ódio e cobiça.

Reconhecendo todas as forças presentes na guerra que se trava dentro dele, Gabriel terá a energia necessária para ir adiante, em vez de se sentir derrotado pelo que não quer encarar, reconhecer ou aceitar.

Compreensão

Gabriel tem de entender a si mesmo. Essa é a única maneira de poder separar o que faz ou não faz de quem ele é na verdade, de sua natureza essencial. Ele será obrigado a repetir perguntas íntimas para si mesmo – 10, 15, 100 vezes – antes de começar a vislumbrar as respostas. E tem de fazer tudo isso sem se comparar com qualquer pessoa.

Ele vai querer se perguntar: "Quem sou? O que me perturba? Que tipo de coisas me faz sentir mal a meu respeito? Que tipo de coisas me faz sentir bem a meu respeito? Por que fiz isso? O que eu buscava? Qual o resultado? O que eu esperava? E, quando consegui, era isso o que queria?" Estas e muitas outras perguntas.

Gabriel agora tem de entender, realmente *entender*, que vai pagar um preço alto por não querer se arriscar. Quando compreender isso, terá de decidir se está disposto a continuar pagando o preço, ou se prefere aprender a lidar com o risco. Sempre houve um advogado dentro dele dizendo coisas como "Termine o namoro! Ela não é a mulher certa para você", ou "Tome suas próprias decisões. *Deixe* sua mãe ficar danada", ou "Não se importe, *deixe* seu irmão chamar você de fraco". Talvez esteja na hora de ele ouvir essa voz interna.

Há muitos anos, Gabriel teve uma clara visão do que queria: cursar veterinária. O que diria sua voz interna a respeito dessa visão agora? "Peça um folheto do curso, veja qual a duração. Se não puder fazer o curso inteiro, poderá ser auxiliar de um veterinário? Poderá trabalhar para a Sociedade Protetora dos Animais? Poderá levar cachorros para passear? Ou será que é a hora de abandonar esse sonho e procurar um novo?"

Quero falar com vocês, mulheres, que convivem com esses homens tão gentis e bondosos. Nós, mulheres, precisamos entender que temos de criar e valorizar modelos mais abrangentes de masculinidade. Temos de ser razoáveis quanto ao que exigimos e esperamos dos homens que nos cercam. Comparar esses homens com grandes atletas ou empresários famosos não os torna melhores; apenas homens que se sentem inferiores aos outros. Precisamos valorizar nossos homens pelo que *são*, não pelo que *fazem*. E precisamos estar conscientes dessa nossa tendência de fazer os homens estarem sempre nos provando alguma coisa. Esta advertência serve especialmente para as mães, que não devem tentar encaixar os filhos num molde que elas (ou as mulheres deles) criam.

Conhecer é ter liberdade de escolha

Na vida há sempre dois planos operando. O primeiro é o plano da mente humana que nos ensina que apenas os fortes sobrevivem, só os espertos têm sucesso. Ele diz que você compete por seu lugar na vida, embora não nos sejam dadas todas as regras da competição. O plano humano é o da vida dura, em que se procura agarrar tudo o que for possível. Se você faz parte da minoria dos privilegiados, o plano humano o leva aonde chegou o irmão de Gabriel: ao sucesso no mundo externo.

O outro plano é o do Espírito. Ele quer que você veja que

todas as pessoas têm uma vida bem ordenada e vivem com abundância. O plano foi feito para lhe ensinar que, embora possa haver na sua vida provas e lições, há uma fonte inesgotável de inspiração, proteção e orientação sempre disponível para você. No plano espiritual, o caminho para a escolha está ao alcance das suas mãos.

A compreensão lhe dá uma percepção profunda. É ela que vai ajudar Gabriel a ver que as emoções indeterminadas e fora de controle provocam desastres. Quando compreendidas e sob controle, as emoções resultam em liberdade e poder.

Gabriel agora tem de se dedicar ao plano do Espírito. Ele negou quem é, seguindo o plano humano de sua mãe; agora, com a ajuda do Espírito, pode fazer melhores escolhas, de acordo com o plano espiritual.

Com a ajuda das ferramentas espirituais, ele será capaz de compreender e controlar suas emoções, tornando-se mais livre. Será capaz de transformar seu medo de não ser nada no poder de se tornar algo realmente muito especial e de transformar sua raiva em energia.

Nossa sociedade não valoriza o homem bom e gentil tão abertamente quanto o homem macho. Para sobreviver e desenvolver o plano que o Espírito tem para ele, Gabriel terá de valorizar-se. Se puder tomar posse do seu real valor, em vez de depender do olhar da mãe e da namorada para saber quem é, se puder afirmar-se, apesar de não caber no molde machista, terá um valor inerente, encontrará a coragem e a força para primeiro cuidar dele mesmo e depois se preocupar com os demais.

Ao tomar consciência do seu próprio valor, Gabriel vai ligar-se a pessoas que valorizem seu eu. Vai fazer coisas que tenham valor para *ele*, mesmo que não se encaixem no modelo considerado viril.

Depois de muitos meses de dor e desespero, Gabriel finalmente viu o que tinha de fazer. Terminou o namoro de forma respeitosa e cortou a comunicação com a mãe, até descobrir um meio de se relacionar com ela sem se aviltar. Aos poucos, começou a enviar, de vez em quando, cartões para a mãe. Trocou o número do telefone e não o deu para ela, para não ser invadido.

Gabriel escolheu o risco, não a segurança. Por exemplo, assumiu a posição de contrariar a mãe para poder começar a se sentir bem com ele mesmo. Foi difícil para uma pessoa que esteve sempre em cima do muro.

Começou a procurar cursos de veterinária, mas também viu opções ligadas ao seu trabalho de contabilidade. Foi promovido a chefe de departamento logo depois do início da transformação. Enquanto decidia seu futuro, começou a fazer coisas ligadas aos seus desejos mais profundos, como trabalhar num programa de animais de estimação para crianças com Aids, por exemplo.

Quando Gabriel foi capaz de ver com clareza sua situação, quando aceitou seu papel, conseguiu se libertar da visão que a mãe tinha a respeito dele e do que devia ser sua vida. Começou a avaliar por si mesmo o que queria e pela primeira vez desde o fim da adolescência foi capaz de sentir que o que tinha para dar era tão valioso e "masculino" quanto a contribuição de qualquer pessoa.

Capítulo 6

Martin
Cuidando de assuntos não resolvidos

Não é bem verdade que Martin simplesmente tenha largado um casamento de oito anos, mulher e dois filhos, de cinco e oito anos. Seria mais correto dizer que ele os foi deixando aos poucos.

A primeira etapa foi pensar na idéia. Martin percebeu que não queria mais estar casado. Não conseguia agüentar a pressão de ser responsável (e se sentir responsável) por três outras vidas. Mais ainda, não suportava o sentimento de não ser competente para arcar com as responsabilidades de pai e marido. Para piorar, a mulher estava sempre reclamando: do que ele tinha de fazer e do que não devia fazer.

A segunda etapa foi explorar a possibilidade (e a experiência) de realmente partir. Para Martin, isso significava ter um lugar para ir. Arrumou uma namorada, o que facilitou a saída de casa em etapas. Primeiro uma noite, depois um fim de semana, depois mais tempo. O comportamento de Martin dependia da raiva ou da tristeza demonstrada pela mulher quando ele voltava. Se ela gritava e dava ultimatos, ele usava isso como desculpa para ter um ataque e ficar fora de casa várias semanas; se ela chorava, ele mentia, fazia amor com ela e ficava em casa por uma ou duas semanas, usando as crianças como desculpa para escapar da namorada.

Enquanto estava fora de casa, telefonava de vez em quando,

mas desligava se a mulher começava a aborrecê-lo. Usava a raiva dela para ficar longe. As lágrimas tinham o efeito contrário: quando ela chorava, ele voltava para casa. Raramente se permitia pensar nos filhos, porque a dor era insuportável. Sabia que a mulher diria às crianças *alguma coisa* para explicar suas ausências e, qualquer que fosse a explicação, ele lidaria com as conseqüências.

A terceira etapa foi realmente juntar suas coisas e partir. Martin tinha alguma prática dessa etapa, porque ajudara o irmão Joe a fazer isso num domingo de manhã. Martin ficara no carro enquanto o irmão fazia a mala e saía resoluto, batendo a porta. Ouviu a cunhada e as crianças gritando e depois chorando no quintal. Martin lembra que o irmão chorou também como um bebê assim que entrou no carro. Também lembra que, quando deixou o irmão na casa da namorada, a cunhada adquiriu sua verdadeira identidade: na cabeça do irmão, ela era uma vaca que vivia reclamando, que tinha tentado explorá-lo e nunca estava satisfeita.

Muitos amigos de Martin passaram por experiências semelhantes. Simplesmente não conseguiam satisfazer as exigências das mulheres, e as cobranças, somadas ao fato de não conseguirem atendê-las, deixavam esses homens com raiva. Não importava se muitas das reclamações das mulheres eram procedentes. As reclamações e as lamentações faziam com que os amigos de Martin se sentissem incompetentes. Nenhum homem gosta de ser confrontado com seus defeitos.

Nenhum homem gosta de xingar, mas, pela experiência de Martin, as esposas parecem adorar. Chamam os maridos de *irresponsáveis*, *inseguros* e *imaturos* – rótulos escolhidos para garantir que um homem não se sinta bem a respeito dele mesmo. E se a afirmativa da mulher for verdadeira? Quem quer ser chamado de irresponsável e depois ter de pagar as contas?

Como Martin, muitos de seus amigos constataram que as

namoradas raramente reclamam durante o primeiro ano. Normalmente demoram um pouco para começar a fazer exigências. Se um homem é esperto, ele cai fora antes que as exigências comecem. Para onde e como ele se movimenta para partir é menos importante do que *o fato* de partir. Martin contava com a namorada para se organizar. Ele precisava de um plano, mas isso exigiria tempo. Como, pela sua experiência, as namoradas se dispõem a dar a um homem o tempo de que ele precisa, Martin imaginou que tinha de sair realmente de casa e morar com a namorada.

Martin não teve tanta coragem quanto o irmão e alguns amigos, que falaram diretamente com as esposas. Ele decidiu abandonar a casa enquanto a mulher estivesse no trabalho, e os filhos, na creche. Consciente do efeito de suas ações, ele estava quase triste quando girou a chave para abrir a porta.

Sentiu uma ponta de remorso ao pensar no que estava abandonando, mas foi adiante. Juntou suas roupas favoritas e algumas poucas coisas realmente necessárias. Pegou um ou dois retratos de valor sentimental. Fora isso, deixou tudo para a mulher. Afinal, era isso que ela parecia querer: coisas, não um homem. Queria um empregado pronto para satisfazer seus menores desejos. Queria muito mais do que Martin tinha, mais do que estava disposto a dar.

Ele realmente tinha tentado ser tudo o que a mulher queria. Mas, quando falhava, ela reclamava. Em vez de fazer Martin se sentir melhor, ela o tratava mal e o desafiava. Ela não se dava conta de que era responsável? Não sabia que ele tinha se afastado porque ela não o valorizava nem apoiava, porque ficava o tempo todo chateando e reclamando? Não sabia que ele sempre tinha feito o melhor possível – por quase 10 anos! –, e nunca bastava? Depois de oito anos juntos, ela não sabia do que ele precisava, nem como dar isso a ele?

Martin concluiu – como fizera muitas vezes nos últimos tempos – que ela não sabia, e que ele tinha o direito de ir embora, já que a mulher era responsável por ele se sentir incompetente. Mas esta convicção não facilitou o processo. Como o irmão, Martin chorou ao sair de casa, lamentando a perda da família. Mesmo então culpou a mulher mentalmente. Ainda não estava pronto para enfrentar os filhos; pensaria nisso depois.

Nos meses seguintes, a mulher de Martin telefonou várias vezes. Algumas, só para aborrecer, e os dois acabavam brigando. Em outras, ela o pegava num momento de fraqueza e chorava, pedindo que voltasse. Nessas ocasiões ele prometia passar para ver as crianças, embora raramente cumprisse a promessa.

Houve vezes em que a mulher apareceu na casa da namorada. Quando isso acontecia, Martin deixava as duas discutirem, sem procurar intervir. Assim, enquanto estava ocupada xingando a moça, ela esquecia-se dele.

Finalmente os telefonemas e as visitas pararam, deixando Martin aliviado. Como a mulher deixou de aborrecer, ele começou a enviar cheques para ajudar nas despesas da casa. Quando ela ligou para dizer que o que ele enviava não era *suficiente*, ele parou de mandar.

Levou anos para se divorciarem. Àquela altura, Martin já tinha tido quatro namoradas, deixando cada uma em várias etapas, assim que as exigências e os xingamentos começavam. Anos depois, quando finalmente sossegou e voltou a se casar, os filhos já tinham 15 e 17 anos. Sua ex-mulher e o namorado estavam juntos havia oito anos, e ele criara os meninos. Martin se sentia mal com isso, mas o respeitava pelo que tinha feito.

Martin tinha agora uma nova família. Duas filhas e outro filho que nada sabiam sobre os irmãos mais velhos. Martin decidiu que não precisavam se conhecer. Ele e a nova esposa tinham um lar. Embora Martin tivesse uma namorada aqui e outra ali, o casal se dava bem.

Um dia, Martin recebeu o telefonema tão temido: o filho mais velho queria vê-lo porque o menor estava com problemas. Não pediu detalhes, pois achou que não tinha esse *direito*. Além disso, o filho deixara bem claro que só queria saber uma coisa: por quê? Por que os tinha abandonado? Por que jamais enviara sequer um cartão de aniversário? O filho acrescentou que não se importava, mas que o irmão tentara o suicídio duas vezes. Na opinião do filho mais velho, era por causa da angústia pelo abandono de Martin. Então ele estava procurando o pai para saber os porquês.

Agora Martin se encontrava realmente numa situação difícil. A situação da qual ele fugia havia anos – responsabilizar-se por suas ações, seus sentimentos, tudo – o confrontava.

Falando com o homem no espelho

A lição que se tira disso tudo é que somos responsáveis pelo que fazemos. Podemos evitar a responsabilidade por um tempo, mas, cedo ou tarde, aquilo de que fugimos vai nos pegar. Tal como Martin, se fugirmos de nosso passado e de nossas responsabilidades, perderemos a identidade e ficaremos apenas com aquela dor do membro-fantasma que aparece quando se corta a metade da vida de alguém.

Martin começou a fugir emocionalmente muito antes de começar a fugir fisicamente, como vimos. As queixas da mulher evidenciavam os medos que ele tinha a respeito dele mesmo, e dos quais não falava. Ouvir a mulher chamá-lo de incompetente reforçava o medo que sentia de não ser suficientemente bom. Aqui está a chave: o sentimento de incompetência. Martin considerava que todos os seus problemas vinham de fora, quando na verdade eles vinham de dentro – do sentimento de incompetência.

E ele respondia a esse sentimento culpando não a si, naturalmente, mas à mulher, por dizer a toda hora que ele não era suficientemente bom, que não dava o suficiente em termos emocionais, físicos ou financeiros. Também culpava os filhos e as namoradas; na verdade, culpava todos, *menos* a ele mesmo. Culpava de tal forma, que isso justificava sua fuga.

Agora, encarando uma crise em potencial com os filhos, ele ouve seus pensamentos mais profundos voltarem na voz da ex-mulher. Ele a ouve censurá-lo por todos os anos de ausência. Apesar de estar longe dela, diz para si mesmo: "Não estou fazendo o bastante. Não estou sendo bastante bom. *Não sou o bastante.*" As palavras que ela dizia há muitos anos agora são dele. O espelho as reflete. Martin é a prova viva de que se pode fugir durante muito tempo, mas a vida reflete de volta nosso diálogo interior, aonde quer que vamos.

Quando Martin se olha no espelho e faz um levantamento de sua vida, não tem idéia do que realmente está acontecendo. Afinal, durante anos ele se convenceu de que a culpa era só *dela*. No entanto, agora ele consegue ver que tem problemas e precisa mudar, porque percebe que:

- apesar de sua fuga, ainda não está satisfeito com ele mesmo ou com sua vida;
- não consegue encarar os filhos, embora deseje que o admirem;
- não consegue encarar a ex-mulher, embora tenha havido um tempo em que sorria espontaneamente ao pensar nela.

Enquanto Martin reflete sobre essas questões, se dá conta de que, quando estavam casados, ele nunca se valorizou ante a mulher. Jamais destacou o que estava fazendo, enquanto ela destacava o que ele *não* estava fazendo. Não se importava com os ataques dela, porque a considerava uma vaca. Assim, era a mulher quem agia mal, e ele não precisava se responsabilizar por ele mesmo.

A passividade de Martin o levou a uma enorme insegurança e

a uma culpa corrosiva. Saiu do primeiro casamento sem coragem de enfrentar a esposa exigente. Afastou-se dela e dos filhos e com isso perdeu a chance de qualquer redenção pessoal. Selou seu fracasso nunca voltando atrás e tentando fazer a coisa certa.

Martin e sua primeira mulher perderam a oportunidade de trabalhar seus erros e aprender com eles. Os problemas que levaram ao divórcio não estavam do outro lado da rua (raramente estão). Martin pode ter sido irresponsável algumas vezes, mas a mulher jamais aprendeu a expressar seus sentimentos e idéias de forma construtiva. E nenhum deles se preocupou em investir no amor entre os dois.

Agora Martin está em crise e tem outra chance de aprender com seus erros. Com a ajuda das ferramentas espirituais de poder, é capaz de começar a reconstruir os relacionamentos que ajudou a destruir.

Plano de transformação e ferramentas de poder

A moral desta história é que aquilo que fazemos volta para nos abençoar ou assustar. É preciso, então, saber o que estamos fazendo. Se você culpa os outros ou as circunstâncias externas, se não assume a responsabilidade, se não respeita a si mesmo e aos outros, esses atos vão voltar para você. Muitos descobrem isso, mas poucos sabem como lidar com a situação. Tal como Martin, passam anos sentindo culpa, vergonha e medo de seus assuntos não resolvidos.

Martin tem sorte. O retorno do filho faz as más notícias perfurarem a camada protetora de culpa que Martin carrega e lhe dá a oportunidade de transformar sua culpa em liberdade, assumindo a própria responsabilidade. Ao parar de culpar os outros, vem a vergonha. Para se transformar, Martin tem de assumir a vergonha e a culpa, e construir uma vida com responsabilidade.

A crise espiritual de Martin é a chance que ele tem de corrigir seus erros, de mostrar que entende a lei espiritual do universo: *somos responsáveis pelo que fazemos.* Suas primeiras ferramentas na transformação são consciência, reconhecimento, confissão, rendição, perdão e responsabilidade.

Consciência

Evitando a culpa, a vergonha e a censura, Martin tem de se esforçar para se tornar consciente. Só assim poderá fazer escolhas melhores e mais produtivas. Ele tem – todos nós temos – a capacidade e o direito de fazer suas escolhas e de ser responsável por elas. A consciência melhora essa capacidade e reforça o direito.

Enquanto estamos concentrados no que acontece fora de nós, enquanto nos escondemos e fugimos das desagradáveis experiências externas, somos impotentes. Nossa força real está no eu – está no Espírito que mora no mais íntimo de nosso ser –, que sempre pensa no que é melhor para nós e nos protege. Martin tem de acreditar que essa consciência vai lhe dar poder.

Reconhecimento

Martin tem de enfrentar algo a que resistiu ao longo dos anos: seus medos, sua vida, seus sentimentos de incompetência e inadequação. Enquanto culpou a ex-mulher – justa ou injustamente –, conseguiu escapar da culpa por não ter sido um bom pai para seus filhos. Mas descobriu o que já mostramos: se você não reconhece seus comportamentos impróprios, eles se tornam verdadeiras âncoras em torno do seu pescoço. Puxam você para baixo, seguram você por trás. Fazem você ter raiva de todas as pessoas que você culpa. Colocam você no papel de vítima, e nesse papel você perde seu poder.

Reconhecendo o que fez, como reagiu ou deixou de reagir, você se torna consciente dos comportamentos que não são produtivos.

Reconhecendo que esses comportamentos não funcionam, você está pronto para fazer novas escolhas na vida, dando início a um processo de cura.

Como Martin não reconheceu sua responsabilidade em relação aos filhos durante tantos anos, as feridas nele supuraram, infeccionando-o, envenenando-o, fazendo-o sofrer com sua sensação de incompetência. Abrir essas feridas talvez cause dor, mas mesmo os piores machucados podem ser tratados e curados. Ao reconhecer que foi irresponsável, Martin se abre à cura.

Confissão

Martin não deve reconhecer seus sentimentos apenas para si, mas também deve dizer aos filhos a verdade nua e crua e se dispor a lidar com as conseqüências. Se mentir nesse ponto crucial, seu mundo vai ruir. Não funciona encobrir uma mentira com outra.

Lembre-se de que há dois resultados poderosos da confissão: ela liberta a mente da culpa e (na ausência de culpa) desarma nossos mecanismos de defesa. Quando não temos culpa, nossa auto-estima aumenta e não nos sentimos compelidos a nos defender. Quando não precisamos nos defender, não precisamos ficar com raiva ou culpar os outros.

Para Martin, há um outro resultado positivo da confissão: se confessar seus defeitos e fracassos, sua ex-mulher e seus filhos não poderão usá-los contra ele. As acusações perderão o poder.

Rendição

Instintivamente, Martin sabe que a rendição é importante. Como não pode alterar os fatos, está desperdiçando energia valiosa a cada segundo que resiste a eles. Um filho está passando por um problema sério, e o outro está louco de raiva. São fatos inegáveis.

Para Martin, render-se exige um enorme ato de coragem e

força, mas é um ponto decisivo na direção da cura. Cria uma mudança na sua consciência. Ele deixa de ser uma pessoa impotente para tornar-se filho do Espírito, merecedor de toda a ajuda do universo.

Perdão

Quando Martin saiu de casa, estava fazendo o que podia. Ele tinha uma escolha na época: enfrentar o medo e dizer a verdade, ou fugir. Porém, ele não estava pronto. Simplesmente não estava. Mas, como todos nós, finalmente teve de enfrentar aquilo de que fugia. Uma luta assim exige força espiritual, além da capacidade de aderir à verdade, à humildade e ao respeito. No entanto, esses princípios espirituais são impraticáveis se não conseguirmos admitir que fizemos o que era possível e perdoar nossas fraquezas.

Ao nos perdoarmos, abrimos nossas ondas mentais e emocionais para podermos seguir adiante e melhorar. Martin tem de perdoar sua ex-mulher e a si mesmo antes de tudo. Esta é a parte mais difícil do processo de cura, porque ele sabe que realmente agiu mal com os filhos. Cada vez que sente dificuldade em perdoar – e isso acontece muito –, Martin tem de voltar atrás e aceitar o fato de que aquilo que ele fez está feito. Mas é o passado, e ele agora precisa lidar com o *presente*.

O Espírito tudo sabe e tudo perdoa. Quanto mais Martin se aproximar da sua identidade espiritual, mais fácil será perdoar.

Responsabilidade

Lembre-se de que responsabilidade é sinônimo de poder. Assumir responsabilidades é a única maneira de ter poder psicológico, emocional e espiritual. Se Martin assumir a responsabilidade por tudo o que está acontecendo em sua vida, terá poder para fazer as mudanças necessárias.

A relação entre responsabilidade e poder é especialmente importante no caso de Martin, porque seu sentimento de incompetência é muito forte. De alguma forma, ele tem de desafiar seu sentimento de não ter sido competente como pai e assumir a paternidade dos filhos. Só há um jeito de fazer isso: aceitando a responsabilidade.

Martin precisa assumir a responsabilidade pelas ações do passado e do presente. Se mentir para os filhos agora, vai criar *outra* experiência difícil com que terá de lidar. Mas, no instante em que admitir sua culpa pelo que aconteceu, conquistará a capacidade de escolher como vai se sentir e reagir. Quando se assume a responsabilidade, o poder vem junto.

Conhecer é ter liberdade de escolha

Quando uma mentira – uma série de centenas e milhares de mentiras – volta para nós, temos de nos dispor a enfrentar a raiva de alguém e a encarar a própria culpa. Martin pensou em perguntar à ex-mulher o que ela tinha dito aos filhos durante todos aqueles anos. Mas percebeu que não importava. Nada do que ela pudesse dizer ia ajudá-lo. Agora era com ele. A coragem que não teve na época, teria de encontrar agora. Indo para o trabalho no dia do encontro com os filhos, Martin apoiou a cabeça no volante do carro e chorou como um bebê.

Ele sabia que não adiantava ficar na defensiva. Nem culpar alguém ou mentir. Isso já tinha dado errado antes. A culpa era só dele. Havia o risco, é claro, de depois do encontro os filhos romperem definitivamente com ele. O fato de um deles ter tentado o suicídio trouxe intensamente à tona todos os sentimentos de culpa e vergonha. Antes, ele culpava a mulher, mas agora só havia um jeito: realmente dizer a *verdade*.

A questão para Martin é: quando a mentira que você disse é jogada na sua cara alguns anos depois, como você vai lidar com ela desta vez? Que escolhas você vai fazer *desta* vez?

Se Martin examinar sua vida honestamente, verá que já se livrou do mito de ser incompetente, porque tem uma nova mulher, outros filhos, um relacionamento que funciona. Então, tudo o que pensava não conseguir fazer – o que as críticas da mulher o convenceram que não conseguiria –, ele provou que *podia*.

Usando as ferramentas de poder, Martin foi capaz de confessar para os filhos seu papel na dissolução da família, sem culpar a si mesmo ou à mulher. O filho mais velho ouviu o pai, mas estava com raiva demais para aceitar sua ajuda. O encontro com o filho mais novo foi tenso, mas Martin saiu dali sabendo que tinha, finalmente, feito a coisa certa. As conversas podem ter ou não ajudado os rapazes, mas foram uma bênção para Martin: ele tomou consciência de uma leveza, de um vislumbre de paz no seu interior, do sentimento de estar conectado ao poder que tudo cura e tudo sabe. Um sentimento que só acontece quando vemos nossa verdadeira conexão com o Espírito.

Capítulo 7

Garen
O que faz um homem

Garen olhava para aquele lindo bebê, sua filha, com o coração derretendo. Enquanto a observava dormindo, sua mente voava, imaginando o amor que cresceria entre eles. Que maravilha! Olhou em volta para certificar-se de que ninguém estava notando sua emoção.

Percebendo-se observado, seu coração gelou. Seus pensamentos de amor se transformaram em desgosto e desprezo. Enfiando as mãos nos bolsos, desviou o olhar, e do fundo do seu estômago veio o gosto amargo da vergonha; culpa e raiva começaram a dominar sua mente. A troca amorosa, pacífica e silenciosa que estava tendo com sua filhinha tinha acabado. Na mente, um único e perturbador pensamento: *Droga! Como me meti nessa? De novo?*

Apesar de linda, a filha de quatro dias representava sua extraordinária capacidade de se meter em uma situação que não desejava. Uma situação em que ele se prometera nunca mais se envolver. Mas lá estava ele de novo. Olhando para aquela criança – a terceira –, tentava imaginar quando poderia ter um filho sem que a mãe da criança se intrometesse na sua vida.

Infelizmente, a mãe da menina estava ali, olhando para ele, falando com ele, tentando convencê-lo de que as coisas ficariam bem se ele fizesse o que ela estava dizendo. Garen pensou: *Por que ela ainda está falando comigo? Não vê que agora estou fraco e vulnerável – extremamente vulnerável? Por que está me pressionando?*

– Com quem você acha que ela se parece? – perguntou a mãe da criança.

– Comigo é que não é! – ele respondeu asperamente.

– Que diabo você quer dizer com isso? – disparou a Mamãe Ursa, com o pêlo arrepiado.

– Entenda como quiser! – ele devolveu, saindo da cama para não acordar o anjinho. Ele sabia que estava a ponto de ir embora. Também sabia que não ia ser legal.

– Você está dizendo que a filha não é sua? – ela devolveu num tom desagradável, de raiva e espanto. – Você fica aí plantado, me dizendo que não acredita que é o pai da criança? – continuou ela, agora aos gritos.

Não querendo se comprometer, ele reagiu:

– Foi você quem disse, não eu.

Droga, ele odiava essa parte! Detestava ter de demonstrar seu desprezo pelas mulheres com quem dormia. Detestava vê-las chorar. Detestava que elas o obrigassem a agir assim. E, principalmente, detestava se colocar numa posição em que era forçado a agir dessa maneira. Ele disse:

– Você me chamou, e eu vim. Você me pediu para vir ver seu bebê, e eu vim. Já falei antes que para mim é um absurdo você ter um filho com um homem que mal conhece. Não tenho como saber se a criança é minha ou não. Se você diz que é, acho que tenho de acreditar, mas isso não quer dizer que tenho que aceitar você ou a criança.

– Você é mesmo um... – ela replicou chorando.

– Veja como fala! Eu já disse que você não tem o direito de falar comigo do jeito que quiser. E, por favor, pare de ligar para a minha casa. Minha namorada não gosta. Eu não estou perturbando você. Por que não me deixa em paz?

Prevendo que a briga ia ficar feia, ele se dirigiu para a porta.

– Como você *pode* fazer isso? – ela estava menos agressiva. – Como pode falar assim comigo? Como pode negar que a filha seja sua?

Não era fácil, mas ele tinha alguma prática.

– Não estou negando nada. Só estou dizendo que não tenho certeza se ela é minha, e você se recusa a fazer o exame. – Sabendo que tinha destruído o orgulho e a fantasia dela, deu a cartada final: – Olha aqui, se você não tem nada a esconder e quiser que eu faça um exame de sangue, me telefone. Mas ligue para o trabalho. Vou ver o que posso fazer para ajudar. Se ela for minha, faço o que tenho de fazer. Quando decidir, me ligue... e cuide-se.

Quando saiu, parou por um momento até passar o enjôo. Descendo a escada, tentou se lembrar do rosto dela – não da mãe, mas da criança. Era a cara *dele*. Era a cara de seus dois outros filhos. Percebendo que não estava pronto para ficar, para se comprometer ou para fracassar, ele deixou que o rosto se apagasse de sua mente.

Tudo ia ficar bem. *Essa* mãe era orgulhosa demais para causar problemas. Não era como a mãe do seu segundo filho, que vivia atrás dele, que movera um processo contra ele. Esta era diferente. Apostava que nem ia telefonar depois dessa última conversa. Iria criar a criança sozinha, talvez com outro homem, mas jamais pediria ajuda a *ele*. Não tinha importância. Quer dizer, tinha e não tinha, porque ele *sabia* que não ia conseguir lidar com a responsabilidade, com a culpa ou com a verdade.

Ele talvez estragasse tudo, como seu próprio pai. E talvez se machucasse, como seu pai se machucara. Às vezes Garen se perguntava se poderia ser um pai decente, mas sabia que provavelmente iria se machucar e não suportava a idéia.

Indo embora, deixando a filha para trás, ele se prometeu que jamais transaria com outra mulher sem camisinha. A mesma promessa que já tinha feito muitas, muitas vezes no passado. Mas agora ele acreditava que era para valer.

Falando com o homem no espelho

O medo é como um cachorro bravo que está preso. Quando você se mexe, ele rosna mais alto. Embora tente esvaziar a mente, você imagina o que vai acontecer quando se mexer. Você visualiza o cachorro atacando você. Chega a sentir a dor dos dentes rasgando sua carne. Grudado no olhar do cachorro, você tenta se convencer de que vai conseguir escapar, que *pode* escapar, mas sabe que se espirrar o animal vai fazer você em pedaços.

Quando alguma coisa acontece na sua vida, o modo de reagir depende da percepção que você tem de ser capaz de lidar com a situação. Tudo o que você já observou, viveu, aprendeu e a fé que você coloca em suas capacidades estão presentes em sua reação.

As capacidades crescem, melhoram com a prática. É o curso natural das coisas. Mas se você ficar parado, fixado em uma capacidade particular, ela não vai crescer. Vai atrofiar, e você vai ficar estagnado.

Quando se depara com uma situação que exige uma reação, você deve praticar seu poder de negociar do seu jeito, não importa o que esteja ocorrendo. Você tem de navegar através de suas realidades mental e emocional para chegar à realidade física.

Quando você acrescenta medo a essa equação, sua capacidade de responder fica diminuída e, em circunstâncias extremas, totalmente reduzida. Por isso, quando você duvida de sua capacidade, quando se convence de que há uma possibilidade maior de dor, fracasso ou de qualquer outra forma de desconforto mental ou emocional, o medo supera a oportunidade de escolha.

Quando o medo está presente na sua consciência, você reluta em examinar suas escolhas, achando que vai ser forçado a fazer alguma coisa de que tem medo. Então, o que faz? *Reage* em vez de *responder* – e sua reação é apenas para evitar a dor ou o perigo que percebe.

É claro que a dor ou o perigo podem ser bem reais. Talvez haja mesmo um cão feroz bem na sua frente. As questões são: o cachorro tem dentes? Ele consegue pegar você? Você pode gritar pelo dono do cachorro? Você está onde deveria? Foi por isso que o cachorro o confrontou?

Quando você tem medo, talvez não pense nessas questões. Se não acredita na sua capacidade para reagir a um perigo determinado, elas não têm importância. Você *sabe* que está perdido. Mas, se confia em sua capacidade de reagir, são essas as perguntas que vai fazer.

A única maneira de perder o medo é enfrentá-lo. Você tem de testar o cachorro. Tem de correr o risco de ser mordido ou ferido. Pode ser doloroso, mas examine as alternativas. Quanto tempo você vai ficar encostado na parede? E se ficar completamente imóvel, mas ainda assim o cachorro morder você?

O seu medo é mesmo de ser mordido? Ou tem medo de não ser capaz de *lidar* com o fato de ser mordido? Para mim, este é o caso da maioria de nós. Não acreditamos na nossa capacidade de lidar com uma determinada situação porque usamos toda a nossa força tentando evitá-la ou negando que ela exista. Quando acontece alguma coisa, reagimos em vez de responder, porque não desenvolvemos e praticamos suficientemente nossa crença de que sabemos exatamente o que fazer.

Acreditamos no que vimos os outros tentarem fazer. Acreditamos em nossas próprias tentativas frustradas e nas dos outros. Acreditamos no que aconteceu da última vez, ou no que poderia acontecer.

O medo nos diz que qualquer coisa que possa acontecer de ruim e doloroso vai acontecer. O problema é que acreditamos nisso e agimos de acordo com esse pensamento.

Como pode um homem abandonar o filho? Quando o medo é muito grande, ele é capaz de fazer exatamente o que Garen fez: mentir e evitar a responsabilidade.

Como podem tantos homens abandonar seus filhos? Como

podem abrir mão da responsabilidade pelos filhos que tiveram? Conversei com centenas de homens sobre esse assunto: muitos ofereceram desculpas esfarrapadas, a maioria expressando muita raiva, colocando a culpa em alguém. "Eu não queria ter um filho!", "Ela teve o bebê para me prender!", "Ela me disse que estava tomando pílula!", "Mal posso cuidar de mim, que dirá de um filho", "Eu disse para ela abortar. A responsabilidade é dela".

Minha resposta, na maioria dos casos, foi curta e grossa: "Cara, o pênis é seu. Logo, a responsabilidade também é." No fundo, a responsabilidade é a capacidade de reagir às conseqüências de suas escolhas e ações. Você tem o poder de fazer escolhas. A única maneira de experimentar esse poder é examinar as opções e as possíveis conseqüências e a partir daí escolher as ações que vão criar o resultado que você deseja.

Embora veja raiva e acusação nas respostas que recebo sobre esse assunto, percebo que por baixo delas há nos homens uma emoção mais forte: medo. Não estou desculpando Garen ou qualquer homem que abandona um filho. Mas acredito realmente que a diminuição do poder masculino amedrontou os homens. Eles têm medo de errar e ser criticados. Medo de fracassarem e serem abandonados. Medo de não fazerem as coisas certas e serem rejeitados.

Você tem medo porque acredita que não tem poder. Mas, ao contrário, ser pai – produzir vida, recriar você mesmo – é um ato de poder. Posso imaginar que o ato biológico da paternidade seja muito avassalador para uma pessoa psicologicamente destituída de poder pessoal. Alguns homens provavelmente acreditam que não possam se ver como pais; o risco emocional é grande demais para eles. Para não serem novamente rejeitados, para não se sentirem mais uma vez errados ou incompetentes, eles abandonam uma parte de seu espírito.

Até acreditar que tem o poder de fazer escolhas, você fica incapaz de reagir às decisões que enfrenta com responsabilidade.

E até assumir suas escolhas e ações, não pode experimentar um sentimento de poder pessoal.

Como princípio espiritual, a responsabilidade se desenvolve quando reconhecemos e aceitamos a presença do Espírito em nossa vida, e quando nossas práticas reforçam o sentimento de conexão com o Espírito. Quando você tem consciência da presença do Espírito, recebe orientação para fazer suas escolhas. Como suas escolhas e as conseqüências delas se tornam claras para você, sua capacidade de responder aumenta.

Garen tem de olhar para dentro de si e ver que está tomado pelo medo. Tem de entender que está reagindo da única maneira que conhece quando o medo o assalta: abandona tudo – a filha, a mãe da filha e a si mesmo. E cada vez que se apavora e foge, o medo aumenta.

O medo é uma poderosa fonte de energia, se Garen puder controlá-lo. Ele precisa transformar seu medo em alguma coisa capaz de gerar boas escolhas, em vez de fugir. Há ferramentas transformadoras de poder que vão ajudar Garen a fazer isso.

Plano de transformação e ferramentas de poder

As três ferramentas básicas de Garen são consciência, reconhecimento e aceitação, junto com a responsabilidade. O trabalho dele consiste em deixar de lidar com a vida movido por medo e impotência e passar a abordá-la tendo clareza das opções, sendo capaz de fazer escolhas e com responsabilidade.

Escolher é um aspecto importante da realidade espiritual. Escolher neste sentido é "selecionar com cuidado o que é melhor para nós". Ter escolha é ter o "*poder* de selecionar".

Se alguém lhe dissesse que você *escolheu* ser derrotado e fracassado, você negaria aos berros. Mas é verdade. Embora poucas pessoas entendam mais profundamente o que é escolha em qualquer circunstância da vida, somos sempre capazes de fazer escolhas. Na verdade, as condições externas de sua vida refletem as escolhas que você fez (ou deixou de fazer).

O que você *escolheu* para acreditar a respeito de si mesmo? Que escolhas você fez baseado nesta crença básica? O que *escolheu* para acreditar a respeito das outras pessoas? O que elas podem fazer para evitar que você faça essa escolha?

Se até agora você acreditou pouco em si e fez escolhas pobres, isso pode mudar. Através da consciência e da aceitação de que o Espírito – a presença de Deus em nós – age ativamente na sua vida, você pode se tornar mais capaz de escolher pensamentos, palavras e ações que reflitam a crença de que há uma força do bem presente na sua alma.

Como começa o processo para tomar consciência de que você é um ser espiritual? Você se olha no espelho e diz: "Eu te amo." Começa a desenvolver um afeto genuíno por você mesmo. Ainda que esteja sem dinheiro, sem emprego, divorciado, ou tudo isso ao mesmo tempo, quer seja um ex-presidiário ou um executivo com medo da competição profissional, você é um filho de Deus.

Mas como alguém pode amar a si mesmo quando se sente não reconhecido, não valorizado e com raiva do mundo? Como pode se amar, se cometeu erros? Talvez tenha se casado uma, duas, muitas vezes. Talvez tenha ignorado o aniversário do filho porque não tinha dinheiro para comprar um presente. Pode ter ficado sem crédito porque comprou coisas supérfluas, *sabendo* que não podia pagar. Talvez beba um pouco (ou muito), se drogue um pouco (ou muito) e diga grandes mentiras às pessoas queridas. Como pode se sentir confortável e bem com você mesmo? Como pode ver o Espírito neste seu espírito humilde? Como pode amar o rosto que vê no espelho?

Do mesmo modo que Deus faz: sem reservas, de maneira incondicional. O Espírito divino no seu íntimo percebe que você está crescendo através de suas experiências, até se tornar consciente disso e aceitar a presença de Deus na sua alma. Uma presença que é sua fonte, seu apoio, seu guia e sua proteção. Quando você finalmente aceitar essa verdade, vai fazer escolhas melhores. Fazendo escolhas melhores, você evolui de um ser humano limitado para um ser espiritual iluminado e uma pessoa excepcional!

Consciência

Às vezes precisam acontecer fatos monumentais ou catastróficos para chamar nossa atenção. Garen se tornou consciente de sua vida quando se deu conta de que era pai de três crianças. O terceiro é o aviso do Divino: *Tome jeito! Acorde para a vida! Acorde para suas responsabilidades! Acorde para o fato de que você não está sozinho; o Divino está aqui para ajudar!*

Se você não se dispõe a tomar consciência, seu conhecimento e suas crenças se limitam às percepções humanas. Mas as percepções se formam em resposta às experiências, e estas são nubladas pelas emoções que provocam. Medo, raiva, vergonha e culpa são emoções tóxicas que toldam a capacidade de perceber a verdade. As experiências que os homens têm e as informações erradas que recebem sobre quem e o que são diminuem a capacidade de perceber a verdade, escondem a capacidade de se darem conta da presença do Espírito e evitam que passem do reino humano para o espiritual. Por isso, os homens que *acreditam* que estão na pior permanecem na pior. Os homens que *acreditam* que foram derrotados são derrotados. Garen acredita que não pode tomar conta de uma criança. Por isso torna-se incapaz de tomar conta de sua adorável filhinha e de seus outros filhos.

Quando Garen se olha no espelho e vê medo, percebe que é o medo que tem tomado as decisões por ele. Se olhar com consciência, vai ver que o Espírito também está ali, oferecendo outra maneira de viver. Essa consciência vai aumentar um movimento interno que vai acordar o alerta mental e reforçar a conexão espiritual com a divina energia da vida.

Reconhecimento

Três crianças, três mulheres diferentes, um homem. Qual é o elemento comum aqui? Esse homem não pode mais fugir de sua fertilidade. Não está enganando a ele mesmo nem a ninguém quando nega sua paternidade. Tudo o que faz ao dar as costas para a responsabilidade é usar a abundante energia de seu medo para alimentar a mentira – e a mentira recompensa Garen cavando um buraco escuro e profundo, onde ele afoga sua alma.

O reconhecimento é um pequeno passo. Você pode reconhecer uma coisa e nada fazer a respeito. Se for muito difícil para Garen engolir tudo de uma vez, basta ele dizer a si mesmo e à mãe da criança: "A menina se parece comigo; ela é linda e é parte de mim." Ele pode até acrescentar que se sente apavorado por ter criado uma vida, porque acha que não possui as ferramentas necessárias para lidar com ela.

Até agora nenhuma ação foi empreendida, mas o reconhecimento já vai deixar o panorama diferente: vai permitir a tomada de decisões. Ainda que Garen reconheça apenas que não tem bagagem material, psicológica e emocional para assumir a criança e a mãe, mesmo assim houve um progresso: a energia da negação pode ser usada para encontrar uma solução, em vez de alimentar um medo terrível.

O reconhecimento é a chave para Garen, porque, se ele reconhecer seu papel no nascimento da criança, espiritualmente ele assumiu a responsabilidade. Sem reconhecimento não há responsabilidade. O desejo da alma dele é certamente responsabilizar-se. Responsabilizar-se por ele mesmo, por amar os filhos, por respeitar-se. O Espírito diz que temos de fazer a nossa parte. Negando nossa parte, negamos a força do Divino.

Aceitação

Quando aceitamos as coisas que não podemos mudar, criamos uma energia diferente! Garen não pode desfazer a criança.

Ela está lá. Garen também não pode desfazer seu medo, a não ser que primeiro aceite o fato de ter medo, porque a aceitação é a chave para o poder pessoal. Aqui está ele, sentindo-se impotente, incapaz, uma vítima. Acha que não *tem* escolha. Mas tem. Tem, sim.

A aceitação é um processo interno. É libertar-se emocional e psicologicamente de crenças e pensamentos. Garen acredita que não pode lidar com uma criança. Se aceitar isso e depois se livrar dessa crença, será capaz de entender e lidar com o medo que está por trás dela.

A aceitação facilita a transformação porque é o reconhecimento do poder da verdade e da presença da atividade espiritual. Se Garen conseguir aceitar, vai ter o momento de quietude psicológica e emocional de que precisa para derrotar seu medo, seu ego e suas mentiras. Aceitar a existência da criança e de suas crenças sobre a paternidade vai provocar uma mudança na atitude e na consciência, e essa mudança permitirá que ele peça ao Divino para ajudá-lo com seus medos e a assumir a responsabilidade.

Responsabilidade

Gosto de uma afirmação que diz: *Sou responsável pelas minhas escolhas.* Tanto serve para as escolhas que *não* faço, quanto para as que *faço*. Em outras palavras, deixar de agir também é uma escolha.

Assumir a responsabilidade por sua vida, suas ações e sua filha vai ter o efeito *contrário* do que Garen teme: vai libertá-lo, e não amarrá-lo. Toda a energia que gastou fugindo, negando, tendo raiva e medo vai fluir através dele novamente no momento em que afirmar ser responsável e que irá lidar com as conseqüências. Seu medo e sua raiva desaparecerão.

A responsabilidade vem de um processo interno e profundo, mas resulta em ação física. Ela se baseia no reconhecimento de opções e conseqüências e resulta em uma escolha consciente. Se você é responsável, tem poder; se é responsável, é livre. Com toda a certeza, nada dá mais poder pessoal do que a responsabilidade. Nada aumenta mais a autoconsciência nem respeita mais a força pessoal. Assumir a responsabilidade pelo que você faz e pelos resultados de suas ações (ou não-ações) legitima sua autoridade pessoal e aumenta o seu amor-próprio.

O amor-próprio é uma enorme parte da responsabilidade, porque quando você ama a si mesmo não pode sair porta afora e abandonar seus filhos. Você sabe que eles são uma parte sua. Você se sente bem em relação a eles como se sente em relação a si mesmo.

Sentindo-se bem em relação a si mesmo, você se torna capaz de fazer boas escolhas no que faz, diz, e na forma como conduz sua vida e seus negócios. Esse amor a si mesmo lhe dá paciência e capacidade de acreditar que virá um arco-íris depois da tempestade. Em outras palavras, quando você se ama, rende-se à ordem natural e ao processo da vida.

Garen sentia verdadeiro pavor, pensando que se aceitasse a responsabilidade pela filha sua vida estaria acabada. Teria de ficar com a mãe da menina e poderia estragar a situação com as duas. Para ele, responsabilizar-se era tornar-se uma vítima, era ser obrigado a fazer alguma coisa. É exatamente o oposto. Aceitando a responsabilidade, ele se liberta para fazer escolhas que o alinham com o Espírito.

Quando assumimos nossas responsabilidades, quando nos alinhamos de forma equilibrada, recebemos do Espírito o poder para fazer o que tem de ser feito. Assumimos nossa parte, mas é *apenas* uma parte – uma pequena parcela de um todo maravilhoso. Nada vai transformar o medo de Garen em força e liberdade mais rápida ou completamente do que aceitar a responsabilidade por suas ações e pelas conseqüências delas. Ao fazer isso, ele ocupa seu lugar na ordem natural das coisas e recebe as recompensas de tudo o que o Espírito pode oferecer em termos de força e amor-próprio.

Conhecimento é igual a liberdade de escolha

Liberdade e escolha são as chaves para a transformação de Garen. Se ele estender suas mãos para aceitá-las, vai deixar de ser a vítima que seu medo criou para transformar-se em um homem consciente de suas ações, com poder para fazer algo em relação a tudo o que suas ações criaram.

O rosto *dela* estava em sua mente. Fazia com que se lembrasse da irmã. Garen se recordava de como a irmã chorava por não ter pai. Dos rapazes que afastou da irmã, dos homens com quem ela dormira. Das vezes em que a arrastou de pontos de venda de drogas. Das vezes em que ela telefonou por ter apanhado de um homem com quem estava dormindo ou de quem estava fugindo. Lembrava-se do dia em que o juiz dera a sentença: "Prisão perpétua." Lembrava-se da última vez que tinha visitado sua irmãzinha na prisão, havia cinco anos. Pensava em seu rosto e queria chorar, mas se recusava a fazê-lo.

CAPÍTULO 8

Henry

Vencendo sentimentos de inadequação

Henry percebeu que não tinha ficado louco, mas ouvia uma voz que vinha de dentro dele. Ligou bem alto o rádio. A voz não se calava. "Ei, você! Que vergonha! Você faz 55 anos hoje, e a sua vida ainda é uma bagunça! Aí está você, morando de novo no porão da casa de sua irmã! Passando outro aniversário sozinho! Que papelão, Henry! E agora, o que vai fazer?"

Henry respirou fundo e deu uma olhada no lugar onde estava morando. Era confortável, limpo. Era seu refúgio. Era o porão da sua irmã. Ele se deu conta das inúmeras vezes que ocupara esse porão. Fugia para ali quando perdia o emprego, deixava a mulher ou brigava com a namorada. Ficou pensando como teria se arranjado se a irmã não tivesse um porão em casa. Se ele não tivesse um lugar para onde fugir. Ei! Não estou fugindo ou me escondendo! Henry agora respondia à voz. Só não estou agüentando essa droga! Vou ser quem sou! Vou fazer o que tenho de fazer! Não vou é agüentar nada de ninguém! As mulheres só me enchem, cansei! Por um instante, Henry pensou ter calado a voz irritante, mas sabia que não conseguiria escapar dos sentimentos que ela tinha desencavado.

A história de Henry sempre trazia à tona sentimentos com os quais não conseguia lidar. Deixara a faculdade por causa da doença da mãe. Tinha dois empregos para cobrir as despesas.

Cuidou para que tudo corresse bem até o irmão caçula terminar o ensino médio. Então a mãe morreu, sem nunca ter reconhecido tudo o que Henry fizera pela família. Ele não conseguia aceitar isso.

Depois da morte da mãe, os dois irmãos mais novos de Henry e a irmã foram para a faculdade. Henry pensou em voltar a estudar, mas abandonou a idéia e continuou trabalhando para ajudar os irmãos. Finalmente desistiu de pensar nos estudos. Casou-se e continuou a trabalhar. Teve dois filhos. Comprou uma casa para a família. Enquanto Henry trabalhava, a mulher o enganava. Ele estava disposto a perdoá-la, mas, antes disso, ela o deixou. E brigou na Justiça pela casa. Depois que a sentença foi favorável à mulher, Henry se mudou para o porão da casa da irmã pela primeira vez. Voltou a trabalhar, e toda noite, quando voltava para o porão, tomava uns drinques para conseguir dormir.

Um irmão de Henry fez direito; o outro fez carreira na Marinha. Henry continuou a trabalhar. A irmã também fez direito. Henry voltou a se casar. Teve mais dois filhos. Quando a irmã se formou, ele ficou muito orgulhoso e lamentou que os pais não estivessem vivos para ver. Também gostaria que estivessem vivos para agradecer-lhe tudo o que tinha feito pelos irmãos. Henry ficou orgulhoso, mas nem a irmã nem ninguém pareciam se lembrar de tudo o que ele fizera.

Logo depois da formatura da irmã, o filho de Henry, de três anos, morreu num acidente. Foi quando Henry começou a beber já de manhã. Continuou a trabalhar e a sair com diversas mulheres. A segunda esposa o abandonara por causa da bebida e lhe tomara a segunda casa. Mesmo assim, ele continuou a trabalhar. E acabou de novo no porão da irmã.

Muitos drinques, muitos empregos e muitas mulheres depois, Henry resolveu se acertar e acabar a faculdade. Inscreveu-se num programa de reabilitação, onde pela primeira vez ouviu a voz, e sentiu a dor e a força de seus sentimentos. Foi demais para ele. Embora seguisse à risca o programa de reabilitação e tivesse aprendido muito sobre ele mesmo, jamais tinha ido fundo dentro de si para obter as respostas de que precisava. Mesmo assim, acabou a reabilitação com outra atitude.

Henry decidiu que nunca mais iria tomar conta de ninguém. Que nunca mais iria se perder por causa de mulheres, nem perder nada para elas. Achava que já tinha dado e perdido demais e que alguém lhe devia alguma coisa. Resolveu ir atrás do que era seu.

Mas a nova atitude de Henry fez com que um supervisor o despedisse do trabalho, e ele acabou de novo no porão da casa da irmã. Tentou voltar com a primeira mulher e não conseguiu; tentou com a segunda, sem resultado, e ele se viu mais uma vez no porão da irmã. Era para onde ele corria quando suas namoradas pediam demais ou queriam compromisso.

Na noite do seu aniversário de 55 anos, ali no chuveiro do porão, Henry vivia os mesmos terríveis sentimentos da época do programa de reabilitação. Sabia que, em algum lugar, de algum modo, sua vida tinha saído dos trilhos. *Não por* minha culpa! Com certeza ele tinha cometido alguns erros. Mas tinha feito o melhor que podia. Você pensa que seu pai falhou com você! A voz estava de volta. Pensa que sua mãe o abandonou! Pensa que seus irmãos são uns ingratos! Pensa que suas mulheres agiram de forma errada! Pensa que sabe tudo! O problema é que jamais acreditou em você mesmo! Mas Henry queria que o crédito lhe fosse dado pelos outros!

Falando com o homem no espelho

Quando Henry olha no espelho, nada vê. Não consegue ver a imagem refletida. Faz tanto tempo que fechou sua mente e seu coração, que ficou com a visão comprometida.

Henry não se permite pensar ou sentir. Só olha para si mesmo para verificar se o cabelo está no lugar e para não cortar a garganta quando faz a barba. Ele simplesmente não se olha. Na verdade, não poderia. É doloroso e assustador demais.

Henry parou de se olhar quando seu pai morreu. Tinha medo de ver um assassino olhando para ele. Henry jamais disse a alguém que se sentia responsável pela morte do pai. Quando a mãe morreu, evitava olhar para si mesmo. Tinha medo de ver no próprio rosto sinais da inadequação dela.

Durante o período de reabilitação, Henry brincou com a idéia de olhar mais profundamente para si mesmo. Mas, quando sentiu a verdade penetrando em sua alma, percebeu que não ia suportar. Que diferença ia fazer? Ele não podia mudar o que já tinha acontecido.

Embora Henry tenha decidido mudar o comportamento e as reações às suas experiências, as mudanças o afastaram muito de sua verdadeira imagem. Depois do segundo divórcio, perdeu o desejo de olhar para si mesmo ou para qualquer outra pessoa. Decidiu não só fechar-se à dor e às pessoas, mas também afastá-las.

Por fora, Henry é um homem forte, atraente e de físico atlético, com um apetite insaciável por mulheres. É também um pouco mal-humorado, um tanto triste e muito complicado. Por baixo dessa capa, Henry é um garoto de seis anos assustado, tentando obter a aprovação do pai e querendo a proteção da mãe. Não que Henry seja inadequado. É que nunca recebeu as ferramentas apropriadas para lidar com a intensidade de suas emoções. Em outras palavras, Henry é igual ao pai. Ele sabe disso e detesta o fato. Também é idêntico à mãe. Sabe disso e também detesta.

Sem as ferramentas para lidar com essas realidades, Henry escolheu se esconder de três formas: *protegendo-se* da dor e de maiores danos emocionais, *fechando-se* aos sentimentos e *provendo* uma rota de fuga consumindo álcool, quando seus sentimentos são abalados. Quando Henry sentia que era capaz de agradar a uma mulher, o que ele parecia fazer muito bem, dizia a si mesmo que era o melhor homem que conseguia ser. Infelizmente, ele não acredita mais nisso.

O que eu teria a dizer a Henry é: "Pare de fugir! Pare de se esconder! Pare de esperar!" Mas, antes disso, eu lhe diria para chorar.

Henry tem 55 anos de lágrimas bloqueando sua visão e seu coração. Imagino que para um homem assim é difícil chorar. Se ele deixasse eu me aproximar, seguraria seu rosto entre minhas mãos, o olharia nos olhos e invocaria a antiga mãe amorosa, delicada e misericordiosa que habita a minha alma, dizendo: "Henry, você não fez nada de errado."

Tenho certeza de que ele ficaria um pouco embaraçado, provavelmente desviaria o olhar. Eu então chegaria mais perto, ainda segurando seu rosto. Beijaria sua testa, voltaria a procurar seus olhos e repetiria: "Henry, você é um homem bom e não fez nada de errado."

A não ser que meus instintos maternais estejam completamente equivocados, só isso bastaria para abrir as comportas da dor de Henry. Também bastaria para iniciar seu processo de cura.

Há momentos na vida em que tudo de que um homem precisa é do amor de uma mãe. Nesses momentos, pode ser qualquer mãe. Se agora Henry se permitir ser vulnerável, sentir sua dor, escolher outra história, perdoar a si mesmo por se permitir sofrer durante tanto tempo, sua cura vai começar. Não é coincidência a cura de Henry ter se iniciado debaixo do chuveiro. A água é o símbolo universal da Mãe.

Plano de transformação e ferramentas de poder

Henry está para ter uma lição sobre aceitar a si mesmo, valorizando-se e aprovando-se. Ele não *quer* uma lição; ele *precisa* de uma! Ouvi que os homens precisam de três "pês" para se sentirem másculos: prover, proteger e dar prazer. Isso lhes confere um sentido de valor e aprovação.

No processo de realizar os três "pês" com sucesso, um homem precisa ser apoiado e encorajado. Não importa se ele é bem ou malsucedido em prover, proteger ou dar prazer a quem ama; se não tiver apoio e estímulo, ele se sente como se nunca tivesse conseguido. Sente-se inseguro, depreciado e, na pior das hipóteses, inadequado. No caso de Henry, como no de outros homens, há coisas que ele não pode suportar em si mesmo. Inadequação é uma delas.

A vida vai lhe dar todas as oportunidades para mudar. Também vai trazer experiências que facilitam as mudanças internas e externas que irão resultar no seu crescimento pessoal e na cura. Tendo a chance de mudar, através de uma experiência transformadora, a *escolha* de levar isso adiante depende da sua vontade.

Quando você não diz a verdade ou não reconhece a verdade de suas experiências. Quando culpa os outros. Quando vai embora sem esclarecer os limites de seus relacionamentos ou de suas experiências. Quando se recusa a olhar para si mesmo ou a ouvir sua própria voz. Quando inventa histórias sobre o que realmente aconteceu e acredita nas histórias que inventou. Quando faz qualquer uma dessas coisas, a desonestidade vai disfarçar suas experiências. Esse disfarce tolda e limita sua capacidade para escolher de forma consciente. Assim, a percepção que você tem de si mesmo, de sua vida, do que realmente está acontecendo fica deformada.

Uma auto-imagem distorcida, apoiada por uma percepção que foge à realidade, vai impedir sua capacidade de mudar. Essa distorção só pode ser evitada se forem usadas as ferramentas de poder. Para Henry, elas são disposição, perdão, aceitação e escolha.

Disposição

Você *só* será capaz de ver e ouvir a verdade quando se dispuser a isso. Se você acredita que suas escolhas, seus pensamentos e suas crenças estão certos, pouco importa o que os outros digam ou façam. Sua posição não será alterada.

Debaixo do chuveiro, Henry percebeu que iria ver e ouvir alguma verdade que tinha evitado a maior parte da vida. Por um segundo, ele se dispôs a isso. É tudo de que o Espírito precisa! Um segundo de disposição pode realmente mudar sua vida, se você estiver pronto. Henry estava pronto.

Henry começou com três problemas que até então não se dispusera a investigar. Primeiro, tinha uma percepção distorcida do homem que seguira como modelo. Via o pai como um feitor, um homem mandão, grosseiro, controlador. Percebia a rudeza do pai como uma acusação a respeito da sua incapacidade de fazer as coisas de maneira certa.

A relação com o pai tinha plantado as sementes da inadequação no coração e na mente de Henry. Não fora capaz de perceber que o pai era um homem amedrontado, emocionalmente fechado em reação à ausência do próprio pai.

Criara uma história a respeito do pai e a repetira milhares de vezes. Na história, o pai não se importava com ele, não o amava. Afirmou que jamais seria como o pai. Henry acabou acreditando nessa história.

Henry contava essa história para ele mesmo quando o pai teve um ataque cardíaco, logo depois de censurá-lo por ter feito alguma coisa errada. No enterro do pai, começou uma nova história: se tivesse feito a coisa certa, o pai não teria enfartado.

O seu segundo problema era o silêncio da mãe. Ela tinha deixado o marido assumir o controle, o que é comum quando o homem é controlador ou raivoso. Henry dizia a si mesmo que as mulheres são fracas, porque a mãe nunca defendera os filhos das grosserias do pai. Ela nunca tinha elogiado, apoiado ou encorajado Henry.

Ele precisava que alguém, especialmente a mãe, o fizesse saber que estava certo e que o pai nem sempre estava. Infelizmente, ela jamais tivera força, energia ou coragem para fazer isso na hora em que o marido explodia.

Na cabeça de Henry, a história era mais ou menos assim: se você sustenta uma mulher, ela vai ficar de boca calada, sem aborrecer você. Henry jamais imaginou que sua mãe tinha tanto medo do pai quanto ele. Jamais pensou que o silêncio nem sempre é sinal de fraqueza. Em alguns casos, o silêncio indica força interior, a força exigida para fazer o que você acredita ser necessário.

O terceiro problema de Henry era sua incapacidade de conseguir respostas para as suas perguntas, de olhar para si mesmo e se sentir bem com o que via, de fazer o que lhe era exigido ou pedido sem o apoio daqueles que diziam amá-lo.

A sua vontade tinha sido desafiada e prejudicada pela relação com o pai. Sua iniciativa nunca se desenvolveu. Além disso, o coração de Henry, seu eu emocional, fora limitado pela relação com a mãe. Ele jamais superou isso completamente, porque precisava saber que alguém estava satisfeito com ele.

Durante toda a sua vida, jamais reservara um tempo para se descobrir, se definir ou se aceitar. Em vez disso, se concentrara nos três "pês", que foi o que o pai colocou na sua cabeça, nos primeiros 14 anos de sua vida. Henry fez o que achava ser necessário pela mãe, pelos irmãos, por suas mulheres, porque achava que era isso que tinha de fazer. Sem o apoio, o estímulo e o reconhecimento deles, jamais percebera que estava também fazendo as coisas para si mesmo. Ao fazê-las, ele demonstrava sua disposição de apoiar e ajudar os outros.

Perdão

Henry não sabia que precisava perdoar o pai. Não sabia por que precisava perdoar a mãe. Sabia apenas que não podia perdoar a si mesmo.

Para a maioria de nós, o perdão é um assunto delicado e difícil de lidar. Ainda assim, queremos e sabemos que precisamos perdoar. Acreditamos que perdoar significa, de alguma forma, justificar o que o outro fez. Mas o perdão é o único caminho para a aceitação. Enquanto não aceitarmos uma experiência sem julgá-la, como quase sempre fazemos, nunca estaremos livres para escolher outra maneira de ver as coisas.

Henry acreditava que o pai sabia o que estava fazendo e que não ligava se isso afetava os outros. Afinal, ele era um homem! Os homens provêem, protegem e dão prazer. Não agem por impulso, são calculistas. Henry nunca pensou que o pai usava uma máscara para disfarçar seus próprios sentimentos de inadequação. Em vez disso, escolheu a raiva, o medo e os sentimentos de intimidação e inadequação plantados em seu coração e em sua mente quando era garoto.

Henry não percebia que o pai não era capaz de fazer algo melhor. Não entendia que as ferramentas de masculinidade que o pai recebera não eram adequadas. Ele usara essas ferramentas para educar Henry, porque eram só as que tinha. O pai também precisava ser perdoado por isso.

Finalmente, Henry não conseguia imaginar que a última coisa que o pai desejava fazer era ferir o próprio filho. Em vez disso, preferiu criar histórias a respeito do pai e agarrar-se a elas, contando-as para si mesmo. Ele não podia ver que não era o pai que causava a dor. Era a história inventada.

Perdoar o pai teria aberto os seus olhos para um novo nível de entendimento. Ele teria compreendido que, embora o relacionamento com o pai não lhe fizesse bem, aquele era o pai que ele tinha. Henry precisava aprender a aceitar essa realidade e procurar se sentir bem com ela.

Uma das experiências mais desafiadoras e dolorosas na vida é guardar no coração raiva da mãe. Henry fez outra escolha: ver a mãe como fraca e inadequada. Na verdade, via na mãe sua própria incapacidade de lidar com o pai. Ele não se sentia nada bem com aqueles sentimentos, e culpava a mãe.

Como achava a mãe uma pessoa fraca, Henry não entendia por que devia perdoá-la. Ela simplesmente era assim. Ele estava totalmente certo. De fato, não precisava perdoar a mãe. Precisava perdoar a si mesmo por inventar uma história sobre ela. Por considerar a mãe fraca e incapaz.

Henry precisava perdoar a si mesmo por acreditar que o que ele pensava e sentia a respeito da mãe era também verdadeiro em relação a ele. Na essência, nunca perdoamos para o bem dos outros. Sempre perdoamos para abrir nossa mente, nossos olhos, ouvidos e corações para a verdade. A verdade é que as pessoas fazem o que fazem porque é o melhor que conseguem. A verdade é que, quando o melhor de alguém exerce sobre você um impacto negativo, você tem chance de escolher como reagir.

Conhecimento é igual a liberdade de escolha

Estava se tornando claro para Henry que ele tinha feito más escolhas ao longo da vida. Mais claro ainda que tais escolhas cobraram um alto preço à sua auto-imagem e ao seu senso de valor.

Mas, e quanto às mulheres? E quanto ao que elas tinham feito? Sou responsável pelo que elas fizeram? E meus irmãos, que nunca me agradeceram? Pelo contrário, sempre me humilharam por não ter terminado a faculdade! O que você acha disso?

A todo momento você escolhe o que vê, o que ouve e como reage. Henry *escolheu* ver o pior, ouvir o pior e esperar pelo pior. Recebeu exatamente o que esperava. Escolheu as histórias que contou para si a seu próprio respeito e a respeito dos outros. Escolheu largar a faculdade. Beber para disfarçar a dor. Escolheu as mulheres que o deixaram. Fugir e se esconder no porão da casa da irmã. Escolheu fechar o coração, negar os sentimentos e evitar lidar com as coisas que provocavam nele sentimentos de inadequação.

Não há como fugir de si mesmo! Você está presente na sua vida, assim como na de outras pessoas, em experiências e situações com que deve lidar. A forma como você lida ou deixa de lidar com as pessoas, com os sentimentos e com as experiências é sempre fruto de uma escolha.

Epílogo

Há algumas questões que irão aparecer quando você iniciar sua jornada de transformação, ou ao longo dela. Como saber se estou indo bem? Quem faz essa pergunta é seu ego, tentando levar você a duvidar de si mesmo. Não há um caminho, uma fórmula, uma abordagem-padrão para a iluminação espiritual. Na verdade, a pior experiência de sua vida pode ser aquela que o irá despertar para uma compreensão mais profunda.

O que posso esperar quando começo a viver com essas ferramentas de poder na minha vida? Mudar. Tudo vai começar a mudar. Como você se sente, e a aparência das coisas que o cercam, tudo vai mudar. As coisas que antes eram muito importantes para você vão deixar de ser. E talvez você não suporte mais pessoas que antes considerava o máximo.

Ao expandir sua consciência, sua compreensão vai evoluir e tudo à sua volta irá mudar. Nunca se esqueça de que não há pessoas certas ou erradas. Cada pessoa é única e divina.

Ao final deste trabalho, percebo duas coisas. A primeira é que ele é absolutamente necessário. Necessário, porque não conheço nenhum esforço, além do das comunidades religiosas tradicionais, para ensinar aos homens o processo que a evolução espiritual e a transformação exigem. A espiritualidade não é algo que você faça. É o que você *é*. Você é por direito divino.

Percebo também que este livro é totalmente desnecessário, porque não precisamos de nada para chegar a esse lugar divino que há dentro de nós. Um livro não vai levar você até lá. Nenhuma palestra ou seminário vai abrir essa porta. Esse lugar no seu coração. Quando encontrá-lo, você vai transcender cada experiência, cada pequena informação, cada pensamento. Quando você encontrar Deus bem no centro do seu ser, ele inundará sua mente! Tudo de que você precisa para se transformar e para chegar a Deus é o desejo sincero e a expectativa de que vai conseguir.

Lembre-se de que suas emoções – as boas, as ruins e as feias – são dadas por Deus e são a chave para a sua transformação. Use a energia que essas emoções lhe dão como um desafio para alcançar o lindo poder e a liberdade que Deus lhe destina. Lembre-se de que, quando você convoca essas ferramentas e convoca o Espírito para a sua vida, haverá dias bons e dias ruins. Permaneça centrado, não se deixe abalar. Haverá desafios que vão forçar você a ultrapassar a zona de conforto. Acredite na presença de Deus em seu ser, protegendo-o e guiando-o. Durante o processo, vigie cuidadosamente seus pensamentos e suas emoções. Quando perceber que está pensando, sentindo ou se comportando da forma antiga e contraproducente, examine o que está acontecendo. Quando começar a correr atrás de dinheiro e fama, quando começar a se exibir para os outros, saiba que há problemas à vista.

Use suas ferramentas. Mude a maneira de agir.

À medida que começar a se transformar e a crescer, você não vai mais confundir quem você *é* com o que você *faz*. Terá a liberdade que procura, ela virá de dentro de você, e seu espírito se elevará. Use seu poder para ascender a um patamar superior.

Agradecimentos

As palavras são apenas ingredientes para expressar a profundidade de minha gratidão.

A Liz Perle e à equipe editorial da Harper San Francisco, eu lhes devo muito!

Aos doutores Ron e May Hulnick, por serem quem são e por terem me dado coragem para ser eu mesma e não me desculpar por isso.

A Norm L. Frye, por me ajudar a levantar o véu que me impus, na direção da verdadeira luz do Espírito, com graça e facilidade.

A Steve Hardison, sempre a meu lado; este livro é para você e por tudo que me ensinou a respeito de mim mesma.

A Ellsworth Chytka, meu professor e amigo, você sempre terá um lugar especial no meu coração. Como sempre, à equipe do Inner Visions Institute for Spiritual Development, pois vocês são o testemunho vivo de que toda prece é sempre atendida.

Ao Reverendo Michael Beckwith, ao Dr. Wayne Dyer, ao Dr. Deepak Chopra e ao Dr. Bernie Siegel, pelos brilhantes exemplos de homens que levam uma vida repleta do espírito divino.

CONHEÇA OUTROS TÍTULOS DE IYANLA VANZANT

Posso conseguir o que desejo

Nesse livro, a autora nos apresenta sensíveis e poderosas orações para as questões do dia-a-dia. Ela nos mostra o primeiro passo para nos libertarmos da forma errada com que nos acostumamos a rezar: com a mente, e não com o coração.

A oração é uma comunhão com o divino, e quando mantemos viva essa comunhão coisas extraordinárias acontecem. Orando, somos inundados pela essência de Deus, que nos abençoa com uma resposta para acalentar nossos sentimentos e ajudar em nosso crescimento interior.

Enquanto o amor não vem

Todos queremos encontrar um amor, mas não sabemos como. Nossos relacionamentos não estão dando certo. Parece que caímos sempre nas mesmas armadilhas. E ficamos nos perguntando: o que há de errado comigo? Por que com os outros parece dar certo? Onde eu errei?

Foi para nós que Iyanla Vanzant escreveu esse livro. Ela percorreu esse doloroso caminho e, na busca do amor, sofreu violência, frustração, humilhação e dor. Em algum momento ela descobriu o que se passava e investiu em desvendar e realizar o processo que leva ao amor verdadeiro que existe em nós, encoberto pelas experiências infelizes que nós mesmos construímos.

A vida vai dar certo para mim

Se você está vivendo uma situação a que deveria dar um basta, enfrentando problemas nos seus relacionamentos e sentindo medo ou ressentimento, esse livro pode ser um valioso instrumento de reflexão, crescimento e mudança.

A vida vai dar certo para você, se este for seu desejo. No entanto, você precisa assumir seus sentimentos e se dispor a renovar sua forma de pensar e de agir para iniciar um novo caminho. Para ajudar nesse processo, Iyanla Vanzant reuniu 365 textos – entre pensamentos, princípios e reflexões – que vão contribuir para o seu autoconhecimento. Você terá a oportunidade de descobrir a essência mais profunda do seu ser, construindo, a partir dela, a sua vida.

Sei que vou sair dessa

Nesse livro, Iyanla Vanzant nos ensina a identificar um vale – momento de crise que nos desestrutura a ponto de acharmos que não vamos suportar a dor –, a sair dele e que lições podem ser tiradas de cada experiência negativa. Os vales são oportunidades que a vida nos dá de aprender lições essenciais e conhecer aspectos de nós mesmos até então desconhecidos.

Com base em depoimentos de mulheres que passaram por traições, decepções e perdas, a autora mostra que todo sofrimento é recompensado por uma verdadeira transformação na nossa maneira de ver o mundo.

Um dia minha alma se abriu por inteiro

Esse livro é um precioso companheiro na jornada que empreendemos em busca da felicidade. Iyanla Vanzant nos guia durante quarenta dias e quarenta noites para tratar de nossa relação com o Divino, com os outros e com nossos sentimentos. Ela nos fala da Verdade, da Confiança, da Escolha, dos Limites, do Perdão, da Raiva, do Medo, da Culpa, da Alegria e do Amor, totalizando quarenta valores e sentimentos que fazem parte essencial da vida.

Segundo Iyanla, "as noções práticas destes quarenta princípios espirituais lhe darão uma nova percepção de si e da vida. É possível que os novos pensamentos e os novos sentimentos não surjam imediatamente. Mas eles virão".

Ontem, eu chorei

Todos passamos por momentos dolorosos, experiências sofridas que deixam suas marcas. Ainda que não tenhamos consciência disso, essas marcas determinam a visão que temos de nós mesmos, nossa auto-estima, a forma como nos relacionamos e como nos deixamos tratar pelos outros.

Nesse livro, Iyanla Vanzant nos conta suas experiências pessoais para nos mostrar as lições que cada uma continha e que a levaram a desenvolver seus dons maravilhosos e atingir a sabedoria – que a tornaram capaz de se amar e fazer do amor um instrumento de construção da felicidade.

CONHEÇA OUTROS TÍTULOS DA EDITORA SEXTANTE

Peça e será atendido

ESTHER E JERRY HICKS

Quando desejamos alguma coisa, é comum ficarmos mais concentrados na idéia de que *não a temos* do que na *vontade de tê-la.* Embora essa seja uma atitude inconsciente, ela é a principal responsável pela nossa dificuldade de alcançar os objetivos. Como os pensamentos deveriam ser a expressão de nossos desejos, essa negatividade acaba atraindo o oposto do que queremos.

Essa é a idéia principal de *Peça e será atendido*, livro que nos estimula a identificar nossos verdadeiros sonhos e a criar as condições para realizá-los. A fonte dessas revelações é Abraham, o guia espiritual que inspirou Esther e Jerry Hicks a compartilhar conosco valiosas lições.

Com sensibilidade e clareza, os autores mostram o que devemos fazer para atrair aquilo que queremos – melhorar a saúde, equilibrar as finanças, redefinir nossas prioridades, aumentar a autoestima ou aprimorar os relacionamentos.

A Lei Universal da Atração

ESTHER E JERRY HICKS

A *Lei da Atração* é a mais poderosa força do Universo e tudo o que temos na vida – amigos, relacionamentos, carreira, dinheiro, saúde, emoções – é diretamente influenciado por ela. Por isso, é fundamental descobrirmos de que forma ela atua e, principalmente, como fazê-la trabalhar a nosso favor.

Por trás de uma premissa aparentemente simples se esconde uma verdade transformadora: nós atraímos tudo aquilo a que dedicamos atenção. Se somos confiantes e otimistas, atraímos coisas boas e gratificantes. Por outro lado, se achamos sempre que tudo vai dar errado, é exatamente isso que o Universo nos reserva.

Com base nos ensinamentos do guia espiritual Abraham, *A Lei Universal da Atração* nos ensina a reprogramar nossos pensamentos e direcioná-los para o que de fato queremos, exercendo um controle maior sobre a nossa vida.

CONHEÇA OS 50 CLÁSSICOS DA SEXTANTE

Espiritualidade/Inspiração

Muitas vidas, muitos mestres, de Brian Weiss
Muitas vidas, uma só alma, de Brian Weiss
Jesus, o maior psicólogo que já existiu, de Mark W. Baker
Conversando com os espíritos, de James Van Praagh
A última grande lição, de Mitch Albom
Uma ética para o novo milênio, de Sua Santidade, o Dalai-Lama
A arte da meditação, de Daniel Goleman
O Mestre dos Mestres (Coleção Análise da Inteligência de Cristo), de Augusto Cury
Espiritualidade, um caminho de transformação, de Leonardo Boff
Autobiografia de um iogue, de Paramahansa Yogananda
O Poder do Agora, de Eckhart Tolle

Negócios

O monge e o executivo, de James C. Hunter
Como se tornar um líder servidor, de James C. Hunter
Jesus, o maior líder que já existiu, de Laurie Beth Jones
Faça o que tem de ser feito, de Bob Nelson
Seu balde está cheio?, de Tom Rath e Donald O. Clifton
A hora da verdade, de Jan Carlzon
A Boa Sorte, de Álex Rovira Celma e Fernando Trías de Bes
Você é mais capaz do que pensa, de John G. Miller
Seis fundamentos do sucesso profissional, de Stuart R. Levine

Ficção

O Código Da Vinci, de Dan Brown
Ponto de Impacto, de Dan Brown
Anjos e Demônios, de Dan Brown
Fortaleza Digital, de Dan Brown
As cinco pessoas que você encontra no céu, de Mitch Albom

Livros de bolso

Você é insubstituível, de Augusto Cury
Dez leis para ser feliz, de Augusto Cury
Seja líder de si mesmo, de Augusto Cury
Palavras de sabedoria, de Sua Santidade, o Dalai-Lama
A vida é bela, de Dominique Glocheux
Filtro solar, de Mary Schmich
Posso conseguir o que desejo, de Iyanla Vanzant
Quem acredita sempre alcança, de Peter McWilliams

Auto-ajuda

O método fácil de parar de fumar, de Allen Carr
Por que os homens fazem sexo e as mulheres fazem amor?, de Allan e Barbara Pease
Desvendando os segredos da linguagem corporal, de Allan e Barbara Pease
Por que os homens mentem e as mulheres choram?, de Allan e Barbara Pease
O poder que vem do seu nome, de Aparecida Liberato e Beto Junqueyra
Nunca desista de seus sonhos, de Augusto Cury
Pais brilhantes, professores fascinantes, de Augusto Cury
100 segredos das pessoas felizes, de David Niven
100 segredos dos bons relacionamentos, de David Niven
Não leve a vida tão a sério, de Hugh Prather
Mantenha o seu cérebro vivo, de Laurence Katz e Manning Rubin
Enquanto o amor não vem, de Iyanla Vanzant
A Dieta do Abdômen, de David Zinczenko e Ted Spiker
A Dieta de South Beach, de Arthur Agatston
O poder da paciência, de M. J. Ryan

Referência

1.000 lugares para conhecer antes de morrer, de Patricia Schultz
O ócio criativo, de Domenico De Masi

INFORMAÇÕES SOBRE OS PRÓXIMOS LANÇAMENTOS

Para receber informações sobre os lançamentos da EDITORA SEXTANTE, basta enviar um e-mail para
atendimento@esextante.com.br
ou cadastrar-se diretamente no site
www.sextante.com.br

Para saber mais sobre nossos títulos e autores, e enviar seus comentários sobre este livro, visite o nosso site:
www.sextante.com.br

EDITORA SEXTANTE
Rua Voluntários da Pátria, 45 / 1.404 – Botafogo
Rio de Janeiro – RJ – 22270-000 – Brasil
Telefone: (21) 2286-9944 – Fax: (21) 2286-9244
E-mail: atendimento@esextante.com.br